Tilmann Moser
Grammatik der Gefühle

Mutmaßungen
über die ersten Lebensjahre

Suhrkamp

Frühjahr und Sommer 1976

Erste Auflage 1979
© Suhrkamp Verlag Frankfurt am Main 1979
Alle Rechte vorbehalten
Druck: Georg Wagner, Nördlingen
Printed in Germany

Grammatik der Gefühle

Liebe Mutter, böse Mutter
im Morgengrauen ist dein Fernsein meine
Krankheit: ich liege und warte auf die Müllab-
fuhr, die mich wegholen und zerkleinern wird.
Ich fühle mich wie ausgedörrte Erde, auf der nie
wieder etwas wachsen wird. Ich kann nicht
einmal mehr dein Gesicht erkennen in der Erinnerung. Es sind keine Stimmen in mir, die mich
trösten. Wenn mich dieser Zustand überfällt, ist
die Zukunft weg, es hilft nichts, wenn ich mir
sage: das Leben wird wiederkehren. Ich kann
mich nicht anlächeln im Spiegel, es wird eine
demütigende Grimasse. Ich denke: steh auf,
auch wenn es erst fünf Uhr ist, mach einen
Spaziergang im Park, das wird guttun. Aber
wenn ich auf der Bettkante sitze, ist es vorbei
mit der Entschlußkraft. Ohne die Zuversicht, es
könnte sich etwas ändern, ist das Anziehen zu
anstrengend.
Die Katze greint in der Küche und will gefüttert
werden. Ich tue es mechanisch und übersehe,
daß sie trotz ihres Hungers erst freundlich be-

grüßt und gekrault werden will. Sie ist mir lästig in ihrer Lebensfreude.

Mutter, ganz langsam beginne ich zu begreifen, daß du mir zu früh verloren gegangen bist. Zwischen unseren Augen war später nichts mehr, obwohl wir tagtäglich beisammen waren. Du hast nicht gespürt, daß ich verwaist war. Du hast mich zwar jeden Tag geweckt, gefüttert, erzogen, gemahnt, mich mit deiner Gegenwart überschwemmt, aber erreicht hast du mich nicht mehr, oder *ich* habe dich nicht mehr erreicht, es sei denn während des Singens und Betens, oder wenn ich dich bewundernd von der Seite angesehen habe: wie du dir ein neues Kind an die Brust gelegt, wie du den kranken Bruder getröstet hast; wie du den Kranken und Armen eine Trösterin warst.

Nun muß ich mit der Hilfe anderer Menschen versuchen, ein Stück von dir in mir wiederzufinden. Ich muß mir helfen lassen, Nähe zu erleben, ohne in Panik zu geraten, und Nähe zu suchen, ohne von dem Gefühl übermannt zu werden, dies sei nicht vorgesehen in meinem unverständlichen Lebensplan.

Du konntest Berührungen nicht ertragen, und ich war süchtig, dich zu berühren. Schließlich habe ich meinen Körper ganz starr werden lassen, um ihn nicht mehr zu spüren, den Hunger nach dir. Ich habe *Gedanken* ausgestreckt, um andere zu erreichen. Aber das sind schwache Brücken, die nicht tragen. Immer blieb eine Kluft.

Da ich dich nicht erreichen konnte, habe ich dich vergöttert und gehaßt.

Ich habe zu früh gehen gelernt, weil ich nicht auf dich zufallen konnte.

Ich habe mich oft gerächt, wenn ich nicht zurücklächelte.

Ich habe dich bestraft, indem ich deinen Zweifel nährte, eine gute Mutter zu sein. Wir haben uns furchtbare Dinge angetan, schon sehr früh, ohne es wirklich zu wissen und zu wollen. Du wirst erstaunt sein zu hören, was wir gemeinsam erlebten, als dir die Ärzte – ich war ein paar Monate alt – immer wieder sagten: Ihr Mann wird nicht überleben. Und dies länger als ein halbes Jahr, bis er sich, verstümmelt, dann doch vom Krankenbett erhob.

Ich möchte dir auch sagen, was uns entgangen ist an Glück miteinander, weil über *dich* so viel Unglück hereingebrochen ist. Ach, könnte ich jetzt einfach den Kopf in deinen Schoß legen

und ausruhen, statt dich aus der Ferne und in
der Vergangenheit zu suchen. Ich weiß nicht,
wie alt ich jetzt bin. Ich lasse mich zurücksinken. Ich bin ein paar Monate alt, möchte, wenn
du ruhst, auf deinem Bauch liegen, ohne Angst
erleben, wie ich in deiner Wärme zerfließe, mit
dir verschmelze, wissend, daß du mich mit deinen haltenden Armen und streichelnden Händen wieder zusammenfügen wirst zu einer kleinen menschlichen Gestalt. Ich würde von deinem Atmen sanft auf und ab getragen und
fühlte wohl auch deinen Herzschlag gegen mich
pochen und wüßte: wir gehören zusammen und
dein Herz schlägt, für mich. Ich möchte einschlafen auf dir, und mich geschützt fühlen in
deiner Rührung. Eine Träne der Freude dürftest
du wegwischen, es würde mich nicht stören. Du
könntest auch, wenn es zu unbequem für dich
wird, mich vorsichtig aufheben und in mein
Bett tragen, wenn ich nur wüßte, du bist da,
wenn ich aufwache. Du mußt erreichbar sein,
sonst kommen zu rasch die schrecklichen Gefühle, die Panik.
Du würdest spüren, wie kalt jetzt meine Füße
sind, und sie in deinen Händen warm reiben.
Zunächst kann ich nicht unterscheiden, was

meine Füße, was deine Hände sind, es ist ein warm-kaltes Knäuel, das zu dir und zu mir gehört. Wir genießen jetzt unsere warm-kalte Verbindung, es ist ein wenig schaurig, aber wenn du mich anlächelst und es mir vor Vergnügen das Gesicht zerreißt, wenn ich zurückstrahle, dann wird dieses kalt-warme Knäuel zum Symbol des Glücks. Ich glaube, ich schreie vor Wonne, und die Angst, daß diese verdammte Kälte mir aus den Füßen in den ganzen Körper steigt, schwindet. Du hast das fremde Tier der Kälte aus meinem Körper, den ich noch kaum kenne, vertrieben. Ich schlafe wieder ein. Meine Augen sind voll von deinem Gesicht. Ich nehme deine Augen mit in den Schlaf.

Ich glaube, ich kann meinen Erwachsenentag jetzt beginnen und bestehen.

Mutter, es ist wieder Morgengrauen, ein wenig später heute, weil ich ein Beruhigungsmittel genommen habe, ich bin aus einem Alptraum hochgefahren. Ich möchte, daß du an mein Bett kommst und ganz beruhigend auf mich einredest. Ich glaube, ich habe beim Aufwachen geschrien, und du hast gespürt, daß in dem Schreien Angst war. Du sitzt neben mir, ich fühle deine Hand an meinem Hinterkopf, sie ist das Rettende, das du vorsichtig in meine Nähe schiebst. Du nimmst mich nicht auf, weil du weißt, mein Körper ist noch ganz zerfallen, er könnte deinen zufassenden Händen noch gar nicht antworten. Bitte bitte, komm nur mit deinem Gesicht näher an mein Ohr und rede beruhigende Worte. Ich kann dir ja nicht sagen, daß der Traum in mir sitzt wie ein eingedrungenes Tier und mich gefangenhält. Vor deiner ruhigen Stimme schämt es sich. Wenn es spürt, wie stark du bist, wird es sich davonstehlen. Bitte, bleib in meiner Nähe, setz dich so, daß ich, noch immer liegend, mein Gesicht bei dir bergen kann, und nimm meinen Hinterkopf in beide Hände. Hab Geduld, wenn ich mich nicht sofort beruhige, so ein Traum ist mächtig. Bleib so lang bei mir, bis mein Körper aufgewacht ist und meine Augen klar werden. Erst dann ist sicher, daß ich die Angst nicht hinunterwürge in den Körper, als sei er ein Abfalleimer für alles, was ich noch nicht aushalten kann. Und das ist so viel. Weißt du, ich benutze den Körper oft wie einen Keller, in den ich das

Schlimme hinunterwerfe. So, jetzt kann ich weinen, und du wirst nicht ungeduldig, sondern weißt, daß wir zusammen den Kampf mit dem Traum gewinnen. Er war so schlimm, weil ich in mehrere Teile auseinanderfiel. Wundere dich nicht, wenn ich später beim Anziehen noch träge und benommen bin und auf deine gewohnten Gesten ungeschickt antworte. Es ist nicht böser Wille. Ich bin geschwächt von dem Traum. Hoffentlich hast du's nicht eilig. Gönn mir Pausen. Laß mich auf dem Teppich liegen und dir zuschauen bei deiner Arbeit.

Mutter, ich weiß, du hast viel Arbeit. Ich habe dir zuviel versprochen vorhin: ruhig auf dem Teppich zu liegen und dir zuzusehen. Ich halte es nicht aus, bitte nimm mich auf und trag mich durch die Wohnung, ich bin noch zu leer, um meine Tagesaufgaben anzugehen. Laß alles stehn und liegen und nimm dir Zeit für mich. Zwing mich nicht, größer zu sein, als ich bin. Komm zu mir auf den Boden, laß dich locken, ich weiß, es kostet dich riesige Überwindung; ich fleh dich an, tu es trotzdem für mich, das Ungewöhnliche: laß mitten am Vormittag deine

Arbeit liegen und knie dich neben mich, wenigstens für einen Augenblick. Spür, daß ich im Augenblick überhaupt noch nicht heimisch bin auf der Welt. Irgend etwas schnürt mir die Brust zusammen. Es ängstigt mich, so viele Ansprüche an dich zu haben, ich fühle mich unersättlich und höre, wie du manchmal stöhnst über mich.

Später bitte ich dich, bring mich heute ausnahmsweise nicht in den Kindergarten, ich bin unfähig, mit den anderen zu spielen, ich werde weinen oder einem anderen Kind den Turm zerstören, den es gerade baut, versteh doch, ich werde mit meiner Verlassenheit und mit meinem Haß nicht umgehen können. Bitte, halt mich fest im Arm, halt mich noch fester, wenn ich dich ins Gesicht schlage, setz mich nicht strafend ab, sag nicht »böser Bub«, denn ich liebe dich so sehr, daß ich es dir glaube. Lasse mich auf dem Bauch liegen, alle viere ausgestreckt, schau immer wieder herüber, hör nicht auf, mit mir zu reden, auch wenn ich deine Worte gar nicht verstehe. Ich muß die Einheit zwischen uns fühlen. Wenn du aus dem Zimmer gehen mußt, ruf manchmal herüber oder komm und sieh nach mir, und sei nicht ärgerlich, wenn ich hinter dir herkrieche. Es geht alles durcheinander in mir. Wenn du den Bruder stillst, reiß ich dir heute vielleicht das Tischtuch herunter. Bring mich trotzdem nicht in den Kindergarten. Ich werde ein anderes Kind schlagen und dafür in die Ecke gestellt. Ich kann das vorwurfsvolle Gesicht der Kinderschwester nicht aushalten. Sie wird entsetzt sein, dann bin auch ich entsetzt über mich.

Ich wage nicht, nach dir zu rufen im Morgengrauen, du bist unerreichbar. In der Phantasie aber will ich rufen, ich will dich herbeihalluzinieren. Du öffnest die Tür und trittst ein. Ich liege zusammengekauert auf der Seite, doch ich höre dich eintreten. Aus meinem Inneren kommt ein leises Wimmern, dessen Zerbrechlichkeit mich selbst erstaunt. Über den Körper geht ein Schauer. Die Kopfhaut schmerzt vom Kratzen. Ich liege, und meine ganze Haut ist voller Erwartung. Es stört dich nicht, daß ich nach Angstschweiß rieche. Ich verharre andächtig in dem langen Augenblick der Erwartung, bevor du mich berührst, ich zögere es hinaus, blinzle nach dir, hoffe, du sagst etwas Beruhigendes, ja, ein: »Du, ich bin da.« Gönnst mir Zeit, mich an das Ungeheuerliche zu gewöhnen: du bist da, es ist ruhig in mir wie vor einem Sturm. Ich muß noch die Tränen niederkämpfen, ich kämpfe mit der Erschütterung, greife nach dir, halte endlich deine Hand. Laß mir jetzt Zeit, wisch mir die Tränen ab, sei nicht erschrocken, wenn mich das Weinen jetzt schüttelt, wenn ich schreie vor qualvoller Erleichterung. Ich kralle mich in dich hinein, tu dir weh mit meinem Gesicht, das sich in deinen Leib preßt, bis ich fast ersticke. Du ahnst, daß ich mich gleich erbrechen werde, und hältst ein Tuch bereit. Ich bin krank nach dir. Du hältst mich ganz fest, während ich mich übergebe, ich würge das Elend heraus, so lange auf dich gewartet zu haben . . . Nun bin ich ganz leer. Du bettest meinen Kopf auf deinen Schoß, und ich spüre, wie deine Hand über mein Gesicht fährt. Ich stammle: bitte, bleib so lang da, wie ich es möchte, oder wenigstens, bis ich eingeschlafen bin. Ich bin ein Teil von dir, und wenn du mich verläßt, bin ich wieder nichts, aber ein Nichts, das sich haßt. Entzieh mir nicht das Heilende deiner Nähe, es ist wie ein langsames Sterben, wenn du nicht bei mir bist.

Ich liege jetzt in deiner Wärme. Deine Konturen verschwimmen. Du bist ein großes, fast unförmiges Geheimnis. Es ist schön, die Gedanken wegfließen zu lassen. Wenn du da bist, muß ich nicht denken. Du bist jetzt die Welt, ich kann sie aus meinem Kopf herausströmen lassen, ein Krampf löst sich, eine Überanstrengung. Ich werde kleiner und kleiner und ruhe in deiner Hand. Du spürst, daß mich fröstelt überall dort, wo der Schweiß trocknet. Deine Hand holt aus einer unförmig gewordenen Masse wieder mein Gesicht zurück. Du läßt mich fühlen, daß ich Wangen habe, und unter dem leichten Druck deiner Finger finde ich meine Augen wieder. Meine Lippen erkennen dich, da sie sich um deinen Daumen schließen. Wenn ich zubeiße, fühle ich, wo mein Kiefer verankert ist, und wo beim Atmen die Luft hinunterfährt in die Brust.

Leg deine Arme um mich, schütz mich vor dem Auseinanderfließen. Auf jedes noch so leise »du«, das ich jetzt flüstere, sollst du ein »ja« bereit halten. Sei nicht ungeduldig, wenn ich dieses Zwiegespräch aus »du« und »ja« lang ausdehne. Ich bin jetzt zu matt, um dich festzuhalten. Ich schlafe ein mit deinem letzten »ja«.

Ich weiß nicht, wo mein Ohr sitzt. Es sitzt dort, wo dein »ja« herkommt. Mein Ohr ist zwischen dir und mir. Es ist nur für dich geöffnet. Ich mag mein Ohr, weil es dein »ja« zu mir hereinläßt. Ich mag meinen Mund, weil er »du« sagen kann.

Da ich mich nun der früh zerbrochenen Beziehung zu dir nähere, gerate ich in fürchterliche Zustände. Es tut weh am ganzen Körper, daß du nicht da bist oder keine Zeit hast oder in so tiefer Sorge um deinen Mann lebst. Mein Gesicht erstarrt, und ich kann es nicht von innen, aus eigener Kraft, durch ein Lächeln beleben. Das Lächeln ist mir weggeblieben, es gelingen mir nur noch Grimassen. Wenn mich jemand anlächelt, möchte ich mich festsaugen an seinem Gesicht, bevor das Lächeln verhuscht. Ich schreie im Dunkeln nach dir, lautlos.

Wohin bist du verschwunden? Warum lächelst du nicht mehr? Warum gibst du mir das Gefühl, ich sei dir lästig? War ich zu gierig? Habe ich dich zu sehr geliebt? Strafst du mich für meine frühe Leidenschaft? Sobald du dich abwendest, wird es dunkel in mir. Aber du hast dich nicht nur abgewandt, du bist verschwunden. Zuerst hat sich nur dein Gesicht verändert. Du hast mich mit einem Mal anders angefaßt als sonst. Ich habe dich angestrahlt, soweit ich es schon konnte, und aus deinen Augen sind Tränen gequollen. Du hast mich morgens begrüßt, aber deine Bewegungen waren träge, matt, dein Gesicht zerfurcht, erstarrt. Die Verwandlung deines Gesichts hat mich erschreckt. Da sie angehalten hat, finde ich in mir nun ein Abbild deines vergrämten Gesichts und fühle: es gilt mir.

Komm, mildere den schweren Druck auf meiner Stirn durch den leichteren Druck deiner Hand. Umfaß meinen Kopf mit beiden Händen, weil er von innen her auseinander will, und halt du ihn zusammen. Setz dich so neben mich, daß ich mit meinem schwachen Hals diesen überschweren Kopf nicht halten muß. Ich möchte mein Gesicht so in deine Hände legen, daß das Brennen in den Augen vergeht.

Gib mir ein Zeichen, ein Pfand, daß ich nicht verloren bin. Du hast es sicher versucht, aber ich war zu klein, um deine Zeichen zu verstehen. Du hast mich verlassen müssen, als ich noch unfähig war, es zu begreifen, und für eine Dauer, die dich fast ausgelöscht hat in mir. Keiner hat uns geholfen, uns später wiederzufinden. Ich ahne deinen Schmerz, als ich dich nicht mehr erkannte, als du hofftest, ich flöge dir in die Arme und die Pein der Trennung hätte ein rasches, festliches Ende.

Bist du mir immer noch böse, daß ich dich nicht wiedererkannt habe?

Komm, laß meinen Kopf an deiner Schulter. Auch wenn meine Augen dich nicht gleich erkennen, so erkennt dich vielleicht meine Haut, ich erkenne vielleicht deinen Herzschlag wieder, oder deinen Geruch. Kannst du mich noch einmal so halten, wie du mich vor dem großen Unglück gehalten hast? Oder findest du selbst nicht zurück zu deinen Gesten, mit denen du mich empfangen und begleitet hast? Ich glaube, das Unglück hat auch deine Stimme verändert. Wir haben nicht zurückgefunden zum frühen Singsang unserer Werbung umeinander.

Komm, laß uns noch einmal beginnen *vor* dem Schlimmen; als du mir das Gefühl gabst und als ich es dir gab: um uns herum hat die Welt zu jubeln begonnen.

Komm, ich bin jetzt dort, wo ich den Kopf

noch nicht halten kann. Er sinkt mir vorn- und hintenüber und wackelt zur Seite. Nimm den Kopf und halt ihn gut fest.
Dein Geruch betört mich.
Mein Mund zieht sich zusammen vor Sehnsucht.

Warum habe ich mich erst so spät zu erfragen getraut, wie es euch, dir und dem Vater, in meinem ersten Jahr wirklich ergangen ist? *Ich* hatte *Angst* davor, und *ihr* hattet Angst davor. Ihr wart erschöpft vom Leiden und wolltet es vor mir nicht noch einmal ausbreiten. Ich werde gefragt haben, und ihr habt, ich kann es euch nicht verdenken, eine Mauer davor aufgerichtet. Es war, ein paar Jahre schon, Vergangenheit, als ich hätte fragen können, doch es wäre in euch und zwischen euch zu vieles aufgebrochen. Ihr wart ins Exil verschlagen durch den Beruf des Vaters, in eine Gegend fremder Religion und Mundart, und habt euch aneinander geklammert, um die Fremdheit der Dorfbewohner besser zu ertragen. Eure Ehe war bald gesegnet, wie es in den Grußbotschaften der fernen Verwandtschaft hieß. Ich war der Beweis, daß euer

Gott *mit* euch war. Du hast Buch geführt, über meine frühen Lebenszeichen. Ich war dein Lebensinhalt, und du warst meiner. Dann kam, nach kaum fünf Monaten, die Katastrophe. Eine Sepsis, und die Ärzte sagten, der Vater werde nicht überleben. Von einem Tag zum anderen stand er nicht mehr auf, lag sechs Wochen im Krankenhaus, wurde, als es zu Ende zu gehen schien, in eine andere Klinik gefahren, und ihr beide hörtet dort den Oberarzt sagen: »Warum habt ihr uns den Mann noch hierhergebracht?«

Der Körper deines Mannes war voller Eiter, er stank. Operation um Operation, sein Körper wurde immer wieder entleert. Ein Auge wurde herausgenommen, damit er nicht beide verlöre. Es dauerte lange, bis er das Glasauge bekam. Er war wundgelegen und kam ins Dauerbad, fünf Monate lang. Du zogst mit mir in die Stadt, wo die Klinik lag, zu Verwandten. Du wurdest zwölf Stunden am Tag an dem großen Zuber gebraucht. Oft hast du bei den langen Ohnmachten nicht gewußt, ob er noch lebt, und mußtest den Arzt rufen und fragen: »Lebt er noch?« Du hast Tag für Tag die Phasen seiner zunehmenden Entstellung mit angesehen, die

Spuren der neuen Wunden und die Narben, die Abmagerung, sein Zurücksinken auf die Stufe eines leidenden Kindes, das dir wegzusterben droht. Du hattest keinen Mann mehr, sondern ein verkrüppeltes Kind. Du bist auf eine schreckliche Weise zu seiner Mutter geworden, obwohl du doch Hoffnung gehabt hattest, dich eines Tages anlehnen zu können, um dich selbst zu finden, heraus aus den Wirrnissen deines Elternhauses.

Du hättest getröstet werden sollen und mußtest *ihn* trösten, wenn er aus dem Wasser heraus dich fragend ansah: Werde ich überleben? Wird es einen Rest Liebe geben?

Tagsüber war ich bei einer älteren Tante. Abends wirst du gekommen sein, erschöpft, vielleicht mit verweinten Augen, im stillen hoffend auf ein wenig Trost von mir, oder auf ein Strahlen in meinem Gesicht. Aber ich war längst nicht mehr im Gleichgewicht, weinte viel, aß nicht mehr richtig, schrie nachts, vor allem aber: ich konnte dich nicht mehr begrüßen, wie du es gewohnt warst; und du konntest mich nicht mehr strahlend aufnehmen, wie *ich* es gewohnt war. Du, meine Welt, warst düster geworden und starr.

Ich war nicht mehr tragbar für die Verwandten. Was ich dir jahrzehntelang verübelt habe: du hast mich weggegeben in Pflege, als ich ein halbes Jahr alt war, das Herz muß es dir zerrissen haben. Ich kann mich jetzt erst allmählich einfühlen, wie es euch, dir und dem Vater, damals ergangen sein muß. Bisher war ich voll Trauer und Haß über das, was *mir* geschah, und bin es wohl noch immer. Aber wenn ich nach dir, Mutter, und später nach dir, Vater, schreie oder flehe, werden wir besser wissen, was wir miteinander entbehrt haben.

Es geht auf die Nacht zu, und die schwarze Lauge steigt in mir auf, durchtränkt langsam den Körper . . .
Manchmal, so wie eben, gelingt es mir, wenn die Lauge über mich wegschwappt, mich auf dem Sofa zusammenzukrümmen und dich herbeizuphantasieren. Du bist dann im Raum und deckst mich zu. Ich konnte nach dir greifen, ohne fürchten zu müssen, daß du dich entziehst. Daß ich so laut nach dir geschrieen habe in den letzten Tagen, scheint etwas bewirkt zu haben: ich bin eine Spur weniger ohnmächtig,

du läßt dich manchmal locken, dann hellt es sich innen ein wenig auf. Die schwarze Lauge kam vorhin, eine Stunde nachdem die Freundin gegangen war, mit der ich den Nachmittag verbrachte. Der Spaziergang im Wald, die Zärtlichkeiten, das nahe Zusammensein haben die Wunde nicht geheilt, sondern aufgerissen. Wenn du mich ganz verläßt, oder einfach nicht da bist, mißbrauche ich Menschen, um gegen die Panik anzukämpfen. Ich sitze vor dem Telefon und sage mir: »Halt ein, du weckst Hoffnungen«, aber dann ist die Sucht nach vorübergehender Nähe stärker, obwohl ich weiß, daß ich dafür büßen muß: du rächst dich, wenn ich dich ersetzen will; und mit Schuldgefühlen, weil ich Hoffnungen weckte.

Du führst ein strenges Regiment. Du hast mich verlassen und erlaubst nicht, daß ich dich ersetze. Erst muß ich dich wiedergewinnen, die Kluft schließen, wieder anwachsen an dir, mit dir die innere Leere füllen, die Lauge mit so viel Tränen allmählich verdünnen, daß sie sich aufhellt. Wundere dich auch nicht, wenn ich dich manchmal anschreie vor Zorn. Ja, nimm es erfreut als ein Zeichen der Gesundung, wenn ich dich herbeibrüllen kann. Ich habe ein Recht, dich herbeizubrüllen. Meine Brüder haben es später auch getan, und ich habe viele kleine Kinder beobachtet, wie sie die Mutter herbeigebrüllt haben. Ich werde die Mauer überklettern, auf der stand: Ein so großer Junge weint nicht mehr. Ich werde die Orden, die du mir verliehen hast fürs Großsein, fürs mannhafte Ertragen, fürs Aushalten deiner Ferne, abreißen und dir vor die Füße werfen. Du hast dich getäuscht in dem, was du mir zugemutet hast. Ich kann dich verstehen: du hast mich größer gebraucht, als ich war; du hast mich vernünftiger gebraucht, als ich war. Hätte ich auch noch geschrieen, es wäre zu viel gewesen für dich. Ich denke, du hast mir später erklärt, daß man lieb sein muß zu einer schwangeren Frau, zu einem Vater, der auf Krücken geht. Doch ich werde das unterdrückte Weinen und das unterdrückte Wutgeheul und die zärtliche Werbung nachholen. Ich werde meiner Sehnsucht freien Lauf lassen. Ich habe ein Recht auf dich, sonst verheilt die Wunde nicht bis an mein Lebensende. Komm, laß dich locken! Staunst du nicht, daß du Macht über die Lauge hast? Doch nur, wenn du dich rufen läßt. Oft schreie ich vergeblich. Es ist ein Kampf um deine Rückkehr in meinen

Körper. Wenn der grausige Spiegel der schwarzen Lauge sich senkt und grünes Land sichtbar wird, fühle ich mich dir sehr eng verbunden. Ich fühle, daß ich kein Waisenkind bin, nicht verworfen, sehr nahe an der Hoffnung und fast schon im Besitz von Zuversicht. Du, du, du, du, du, he, siehst du mich? Laß dich umklammern. Gleich werde ich übermütig. Ganz früher Jubel will ausbrechen. Ich möchte tanzen vor dir, ich bin ganz aufgeregt vor lauter Möglichkeiten, mich zu dir hin zu entfalten. Du mußt nur wissen, daß ich in mich zusammenfalle, sobald du deinen Blick abwendest.

Ich bin froh, daß du mich gehört hast heute abend. Ich bezahle Menschen, die mich das Rufen nach dir lehren, die meinen Körper ermuntern zu fühlen, wie sehr er dich entbehrt und wie er bei dir geborgen sein möchte. Sie helfen mir, dich auch noch durch den Lärm der Geschwister hindurch zu erreichen; dich mit den Augen so lange zu suchen, bis du mich siehst. Liebe Mutter, ich brauche dich. Ich schäme mich nicht mehr, es zu sagen. Hast du gesehen, wie mir die Hände abgestorben sind, als ich die Arme nach dir ausstrecken wollte? Hast du gehört, wie ich von Stimmen umgeben war, die mir zuflüsterten: was soll der Unsinn? Hast du die Wellen der Scham gespürt, die über mich hinweggegangen sind? Ich will zurück in die Abhängigkeit, hörst du, ich nehme es auf mich, den Stolz fallenzulassen, den höhnischen Trotz, die Entwertung, den Haß. Ich weiß, du wirst mich nicht verschlingen, wenn ich mich dir ganz ausliefere, wenn ich die Grenzen zwischen dir und mir nicht mehr spüre. Warum soll ich das Lied in der *Kirche* singen: »Will Satan mich verschlingen, so laß die Englein singen: dies Kind soll unverletzet sein!« Ich habe Tränen in den Augen. Warum habt ihr Gott gesetzt für Mutter? Was mußt du gelitten haben, als du mich mit Gott füttertest statt mit dir! Ich singe das Lied für *dich*, oder *du* singst es für *mich*, und *du* bist mein Gott, *dir* will ich meine Ängste anvertrauen.

Überall finde ich Spuren von dir in mir, gute Spuren, neben all den schlimmen. Das läßt mich hoffen. Ich werde die Scherben deines Bildes zusammensetzen; den zerbrochenen Spiegel, so gut es eben geht, ineinanderfügen, so daß ich dich endlich wiedererkenne.

Ich huste, und du hältst mich fest, reibst mir den Rücken, legst mir eine wärmende Hand auf meine Brust. Ich blicke auf zu dir und sehe, daß dich mein Husten *nicht* erschreckt, so wie er mich erschreckt, und das beruhigt mich. Deine um mich geschlungenen Arme. Laß mich darin einschlafen, dann überstehe ich vielleicht die Nacht ohne qualvolles Erwachen, Grübeln, Verhungern.

Siehe, möchte ich in biblischem Tone sagen, siehe, du hast mich beschützt in der Nacht. Und doch hat *dein* Antlitz nicht über mir geleuchtet, obwohl ich sechs Stunden geschlafen habe und nicht verhungert und tot, sondern nur müde von der Zerrissenheit des Traumes erwacht bin. Ich habe von jenen geträumt, zu denen du mich in Pflege gegeben hast. Es taucht ein strahlend helles Gesicht auf, jenes deiner um zehn Jahre jüngeren Schwester, der ich, sie war neunzehn, für ein halbes Jahr zugesprochen wurde, in einer fernen Stadt. Ich glaube, ihr Gesicht habe ich in meinem Inneren besser behalten als deines. Sei nicht traurig, ich mußte dich vergessen, um zu überleben. Verrat schmerzt immer, auch früher Verrat. *Sie* hat mich losgelöst aus deiner Erstarrung und deinem Fernsein. Man wird mich dem Vater gezeigt haben beim Abschied, und alle wußten: vielleicht ist es das letzte Mal, daß sie sich sehen. Er wird versucht haben, mich zu segnen mit seinem einen Auge. Dann wird er mich nicht mehr gesehen haben vor lauter Schmerzen. »Vater, Vater, warum habe ich dich verlassen!« Ich habe auch *dich* verraten, ohne zu wissen, was in mir und mit mir geschieht.

Zuerst habe ich die blonde Frau im Traum immer wieder verloren. Dann waren es zwei Frauen, und ich war verwirrt: an welche sollte ich mich halten. Mit beiden waren starke Glücksgefühle verbunden, beide warben um mich und beide habe ich umworben. Der Spiegel zerbrach in zwei große Teile heute nacht. Aber ich war nicht vollkommen verlassen. Nicht *du* warst da. *Ihr* wart da. Ich war zerrissen, aber nicht verloren.

Mutter, gestern hat mich die schwarze Lauge auf dem Tennisplatz überschwemmt. Ich konnte plötzlich mit den anderen nicht mehr sprechen, mußte das Spiel abbrechen. Ich saß dann am Rand, konnte aber nicht nach dir rufen, sah nur Bilder vor mir, in welcher Haltung mein Körper dich ersehnte. Es war viel zu hell, aber ich wagte nicht, die Augen zu schließen. Mein Körper lag zusammengekrümmt auf deinem Schoß. Ich sage: mein Körper, weil ich mich noch nicht Ich zu sagen traue, es war noch kein Ich da, nur ein Gefühl: im Zusammengekrümmtsein auf deinem Schoß gibt es ein Überleben; vielleicht verdichtet sich mein formloser Körper wieder zu einem Mittelpunkt hin, von dem ich dann zuerst einmal in der dritten Person rede oder fühle: ich bin nicht ich, sondern der, den du anschaust, anfaßt, anlächelst, beim Namen nennst. Aber dein Schoß war nicht da, nur lachende, mir plötzlich unbekannte Gesichter von Freunden; viel zu rasch fliegende Bälle, Sätze, viel zu kompliziert, um sie zu verstehen. Beschämt kämpfte ich die Vorstellung nieder: auf dem Bauch über den Platz zu kriechen, so daß sie mich hätten wegtragen müssen. Wer in diesen Tagen und Wochen meinen Kopf anspricht, ist mein Feind. Er ist von meinem Körper getrennt. Er ist ein Radargerät, weil der Körper taubstumm ist vor Sehnsucht und Entbehrung.

Mutter, gestern, als ich mich hingelegt hatte, habe ich mit dir eine Stunde lang geflüstert. Seit ich über Worte verfüge, hast du noch nie so viel Zeit für mich gehabt. Gestern habe ich sie mir genommen. Du hast verstanden, vielleicht zum ersten Mal, daß du einmal so lang neben mir sitzen bleiben sollst, wie *ich* es brauche, damit ich endlich trauern kann. Schau, die Umstände, unter denen ich dich jetzt gefunden habe, sind kläglich genug, verglichen mit deiner wirklichen Person damals, die diese Zeit für mich nicht hatte: eine gepolsterte Teppichwand in einem dunklen Raum, in dem noch andere nach dir suchen. Aber dein Bild in mir war sehr wirklich. Ich habe dich zuerst nur vorsichtig mit dem Rücken des Mittelfingers gestreichelt, nur um dir mitzuteilen: du bist da, ich bin da. Dann habe ich mich näher an dich herangekauert, so daß ich meine Stirn gegen dein Bein lehnen konnte. Deine Hand lag auf meiner Schulter. So mit dir verbunden zu sein, gab mir die Hoffnung zurück, nicht verloren zu gehen. Es strömte hell in mein Inneres. Du bist damals zu früh weggegangen, um mich ausreichend mit guter Nahrung füllen zu können. Vor allem bist du gegangen, bevor ich dein Gesicht sicher erkannt hatte. Da ich dich so sehr entbehrt habe, dich nicht mehr erreichen konnte, obwohl du, nach meiner Rückkehr, immer da warst, habe ich mich, ohne es zu merken, entschlossen, in vielem zu werden wie du. In manchen Charakterzügen vermag ich nicht zu unterscheiden zwischen dir und mir: ich gleite zwischen dir und mir hin und her. Ohne mir dessen bewußt zu sein, sehe und beurteile ich die Welt mit deinen Augen, bin so streng zu mir und den andern, wie du es warst.

Wenn ich im Dunklen liege und mit dir flüstere, erwachen tief drinnen die Wünsche, dich zu umklammern, mit dir zu verschmelzen, und doch nicht mehr genauso zu sein wie du. Wenn ich noch einmal ein Teil von dir sein werde, muß ich nicht werden wie du, um dir nahe zu sein. Ich habe dann einen warmen Raum in deiner Nähe, in dem ich erproben kann, wer ich sein möchte. Wenn ich nach dir weine, muß ich nicht sein wie *du*, sondern kann *ich* sein. Noch brauche ich fremde Hilfe, um mit dir, solang ich mag, flüstern zu können. Ich brauche Menschen, die mich ermutigen, die verlorene Nähe zu dir, und sei es unter Qualen, wiederzusuchen. Gestern war der Körper zuerst ganz starr vor

Resignation. Ich konnte dein Gesicht nicht sehen, hielt mir die Hände vor die Augen, als dürfe ich dein Gesicht mit den Augen gar nicht suchen. Dann habe ich dir gesagt, wie resigniert ich sei, ohne dich zu finden, und plötzlich schüttelte mich ein krampfhaftes Weinen. Noch nie habe ich so geweint. Schleusen sind aufgebrochen, ich habe geschrien: »Mutter, Mutter, hilf mir doch, daß ich nicht aufgebe.« Und beim Wort *aufgeben* hat es mich immer mehr geschüttelt. Doch im Schreien wuchs die Zuversicht, du verstündest mich und könntest mir in Zukunft Zeichen geben, daß das Band zwischen dir und mir nicht endgültig zerrissen ist. Du brauchst ja nur ab und zu nach mir zu schauen, so daß ich in deinen Augen lesen kann: Wir sind verbunden und gehören zusammen. Hast du nicht gewußt, daß du mit deinen Augen Rettungsringe auswerfen kannst, wenn ich in der schwarzen Lauge treibe und unterzugehen drohe? Seit gestern fühle ich: du könntest es verstanden haben und deine Scheu, mir einen innigen Blick zu schenken, überwinden, um mich vor dem Ertrinken zu retten. Laß mich ab und zu in *dir* ertrinken und nicht in der Verlorenheit deines Nicht-mehr-da-Seins.

Es war furchtbar zu sehen, wie deine Augen erloschen. Dann verlor ich sie ganz und tauchte in fremde Augen ein. Als ich mich in deren Leuchten eingerichtet hatte, mußte ich in dein schmerzliches Leben zurückkehren und habe mich gerächt an dir: ich habe dich nicht erkannt.

Zwischen dir und mir gibt es jetzt manchmal wieder Augenblicke wirklicher Hoffnung. Wir hatten in unserem Elend beide gemeinsam die gleiche Droge genommen: *Gott.* Nun liege ich in deiner Nähe wie Moses vor dem brennenden Busch und fühle: noch könnte ich es nicht ertragen, dein strahlendes, ganz mir zugewandtes Gesicht zu sehen. Das Glück würde mich zerstören, ich wäre dem Jubel nicht gewachsen.

Ich kann jetzt den Kopf in deinen Schoß legen, wenn du da bist und ruhig und ohne den Druck der Arbeit oder des Geschreis der Kleinen neben mir sitzt. Weißt du, daß ich neben dir her gelebt habe wie ein Ausgehungerter? Seit ich mich jetzt bekenne zu meinem Hunger nach dir, kehrt nach den schlimmen Monaten die Zuversicht zurück. Halt du jetzt meine beiden

Hände fest und hilf mir, langsam dein Gesicht wiederzufinden. Ich sitze vor dir und halte den Blick gesenkt. Meine Augen füllen sich mit Tränen, wenn ich von oben deine Stimme höre: »Du, willst du mich nicht anschauen?« Laß mir Zeit. Ich muß mich erst sattsehen an dem Anblick, wie meine kleinen Hände in deinen Händen liegen. Du spielst mit meinen Fingern, läßt mich nach deinen Fingern greifen. Dann kommt ein Augenblick des Jubels, wo du meine kleinen Fäuste ganz einhüllst mit deinen Händen, daß ich fast fürchte, sie seien verschwunden, und dann gibst du sie frei und ich schreie im Glück wiedergewonnener Freiheit und Ganzheit, und ich lasse mich vornüber in deinen Schoß fallen. Ich weiß nicht, ob ich schon stehen kann. Ich umklammere deine Daumen und versuche mich hochzuziehen. Wenn ich zurückfalle, sagst du freundlich: »wumm« und ziehst mich näher zu dir. Du bist durch deine Hände und deine Stimme da. Noch immer kann ich dich nicht ansehen, ich fürchte den Schreck der Fremdheit, oder daß es mich zerreißt vor Freude beim Wiedererkennen. Versteh doch, daß ich Zeit brauche. Ich bestehe aus zwei Teilen: ich bin ein Teil von dir aus ganz früher, ferner, fast versunkener Zeit, und ich bin ein Teil deiner blonden Schwester, mit der ich gerade laufen gelernt habe. Wenn ich dich zu rasch ansehe, bricht die Kluft in mir auf. Du ahnst nicht, was dieses Ungeheuer der Spaltung in mir anrichtet. Es fährt mir durch den ganzen Leib und reißt alles auseinander. Selbst dein Gesicht, so freundlich es sein mag, ist plötzlich ein Ungeheuer, weil ich es kaum noch kenne. Saug nicht an mir, zerr nicht an mir nach dem auch für dich so wichtigen Wiedererkennen.

Versteh, daß Augen jetzt eine Gefahr für mich sind: ich ertrinke, oder ich falle ins Leere. Weißt du, es ist, als hätte sich der Fallschirm, dem man sich ein paarmal anvertraut hat, nicht geöffnet. Man ist nicht tot, aber man schlägt auf in absolut fremder Wirrnis. Schließlich denkt man: Gesicht ist Gesicht, und greift nach allem, was weich und wohlwollend aussieht. Aber ich weiß, daß ich *dich* wiedererkennen muß. Und seit ich nach dir schreie oder mit dir flüstere und dich anfasse, wird die Kluft schon schmaler, die mich vom Wiedererkennen trennt. Ich muß manches nachholen. Sei nicht verwundert, wenn ich vergesse, daß ich schon stehen kann. Ich will es mit dir noch einmal lernen. Ertrag es, wenn ich dir nicht immer so viel Freude machen kann, als hätte ich dich nie verlassen müssen; wenn ich in Erinnerungen an die gute Fee versinke und plötzlich weine, ohne daß du verstehst, warum; wenn ich oft weglaufe und wie trunken auf fremde Gesichter zustürze und es aussieht, als hätte ich dich von einem Augenblick zum anderen vergessen. Reiß mich nicht gleich zurück aus ihren Armen, sei lieber für mich da, wenn die schlimmen, langen Augenblicke über mich hereinbrechen, in denen mein Körper auseinanderfällt und nur deine Arme mich zusammenhalten können. Aber du mußt so *viel* zusammenhalten mit deinen Armen, und keiner hält *dich* zusammen, und also mußt du dich selbst zusammenhalten, und ich ahne: es ist sehr anstrengend. Nur ab und zu hilft dir dein Gott.

Heute nach dem Tennisspiel am Pfingstsonntag war es wieder entsetzlich. Mitten aus der Fröhlichkeit heraus kommt die Überschwemmung, es gibt keine Deiche mehr gegen die schwarze Flut. An den Sonntagen und vor allem an den Festtagen warst du immer besonders unerreichbar. Um dir nahe zu bleiben, habe ich die Wahnsinnsbeziehung zum ›lieben Gott‹ angefangen. Oh, hätte ich *einmal* im Gottesdienst geschrien: »Mutter, ich will dich umarmen, jetzt, auf der Stelle. Gott kann warten, aber ich kann nicht mehr warten!« Es hätte vielleicht eine Wendung gebracht. Aber es war undenkbar. Ich wollte euch nicht blamieren, euch keine Schwierigkeiten machen. Sogar die Phantasie war mir verlorengegangen, es könnte anders sein. Wenn einer meiner Schulfreunde seiner Mutter in die Arme rannte, glaubte ich, Abscheu zu empfinden. Ich habe mich mit der Bewunderung für dich getröstet, und mit unserer Verbindung im Glauben. Es wäre allen als krankhaft erschienen, dieser Schrei und der Wunsch, dich zu umarmen. Sonn- und Feiertage zu überstehen, ist das schwerste. Es sind die Tage der Gottesnähe und der Mutterferne.

Ich mache mich daran, hilflos noch, diese schreckliche Ordnung umzukehren. Vom kargen Ritual der Psychoanalyse habe ich mich abhalten lassen, dich dort zu suchen, wo ich dich verloren habe, früh, sehr früh, und mit dem Körper, nicht nur mit der Seele. Ob ich es wagen würde, heute in der Kirche nach dir zu schreien, wo doch alles so angeordnet ist, daß wir getrennt sind und nicht einmal Blicke tauschen?

Ich sinke jetzt weiter zurück noch in der Zeit und liege auf dem Wickeltisch, bäuchlings, und spüre, wie du mich ausziehst, wäschst. Oder ist es jemand anderer? Ich bin so erschöpft, und hinter mir geht es mit mir so ruckartig zu. Bist du es, in Trauer und Hetze, oder ist es schon jemand anderer, der sich bemüht und doch uneinfühlsam sich um mich kümmert? Ich bestehe darauf, daß *du* es machst. Halt mir die Hand unter die Stirn, die so schwer auf den Tisch mit der dünnen Decke drückt. Leg mich nicht gleich weg in den Korb, weil du wegmußt zum Krankenbett oder gar zu dem entsetzlichen Zuber. Versuch zu frühstücken und mich dabei auf dem Schoß zu behalten, auch wenn ich es dir schwer mache, zu essen dabei. Nimm mich mit zu dem Zuber, bitte . . . du weinst. Ich verstehe, die Ärzte haben es dir verboten. Sie wollen mich vor dem eitrigen Vater beschützen, als hätte das Leben ohne eure Nähe Sinn. Ich sehe euch beide jetzt, er in der Wanne, du daneben, zu kleinen Handreichungen bereit, liebevoll und verzweifelt. Vielleicht liest du ihm vor, bis er wieder in einer seiner Ohnmachten versinkt, die dich angstvoll den Arzt rufen lassen.

Ihr werdet kleiner und kleiner. Ich kann euer Bild nicht festhalten. Um zu überleben, vergesse ich euch . . .

Wenn du mich im Arm wiegst, finde ich dich vielleicht wieder. Aber ich bin so schwer geworden. Es ist nicht mehr das gleiche Wiegen. Riechst du sogar anders? Alle Gerüche ändern sich, mit dem Tage, als der Vater zu *seiner* Mutter in Pflege kommt, in eine Stadt, wo es Ärzte gibt. Die Wanne in der Klinik wird geleert, weil sie jetzt bei Kriegsbeginn für verwundete Soldaten gebraucht wird. Du bist fremd dort, bei der Schwiegermutter. Ich glaube, dein Körper riecht jetzt nach Erleichterung, Geduldetsein und unterdrückter Wut. Du bist die Magd der Mutter, die ihren kranken Sohn wieder zu sich genommen hat. Sie ist unerschütterlicher in ihrer Pflege und Zuneigung. Sie hat ihr Leben gelebt und findet Sinn in der Pflege des Sohnes, der noch immer dem Tod nahe ist. Du hast noch nicht gelebt, und dir ist so viel verloren gegangen. Ich kann dich nicht trösten. Ich bin oft unleidlich und mache es dir noch schwerer. Ihr alle ermahnt mich, nicht gegen die Krücken zu rennen, auf denen der Vater wieder seine ersten Schritte macht.

Mir ist heute nach einem Abendgebet an dich zumute. Es ist immer noch Pfingstsonntag, und hier in der Stadt ein großer Tag des Protests gegen zunehmende politische Repression. Ich war immer zu depressiv, um wirklich solidarisch mit irgendetwas zu sein. Die Krankheit der Trennung von dir übertönt oft alles, was mich mit anderen verbinden könnte. Sie hat mich zum Einzelgänger gemacht, und davon heilt keine Solidarisierung. Obwohl ich mich immer geschämt habe, unfähig zu Solidarität zu sein. Ich glaube, mein Leben mit anderen beginnt erst, wenn ich dich wiedergefunden habe, wenn der Riß verheilt ist.

Hier also das Abendgebet an dich: eine lange Nacht liegt vor mir. Träume voller Zerrissenheit warten auf mich, Gesichter unter unzähligen, die verlorengehen. Der Körper ist matt und traurig, weil er dich fern weiß. Sei in der Nähe, wach über meinen Schlaf. Mildere die Unordnung in mir, verschaff mir Erholung.

Schenk mir eine Nacht, in der ich dich nicht verliere. Sei da, wenn ich dich rufen möchte. Verlang nicht, daß ich der Älteste bin und vernünftig. Schau, ich bin sehr vernünftig, aber in der langen Nacht sieht alles anders aus, da fällt so vieles ab von all dem, was ich mir dir zuliebe angeeignet habe: die Gelassenheit, der Überblick, die Kraft der Gedanken. Die dünnen Deiche brechen, ich brauche dich gegen die Flut. Bete nicht mit mir zur Nacht, denn diese Nahrung ist vergiftet. Versuch, den Inhalt meines Tages zu verstehen. Sei nicht unwirsch, wenn ich unvermittelt frage, ob du morgen noch da seist. Sei nicht enttäuscht, daß ich dich von meinem Bett erst dann weggehen lassen will, wenn ich dir gesagt habe, wie sehr ich dich mag. Ich hab dir nie ein solches Geständnis gemacht, im Gegenteil, ich habe deine Zweifel daran genährt. Es ist furchtbar, sich füreinander zu schämen. Wir sind diesen bitteren Weg gegangen. Daß wir stolz aufeinander waren, blieb ungesagt.

Wenn ich Mütter mit kleinen Kindern sehe und sehe, wie sie an ihnen herumkrabbeln dürfen, macht es mich manchmal fast rasend vor Neid. Ich weiß inzwischen, wie ich mich unter bestimmten Umständen zurücksinken lassen kann in die Zeit, als du noch da warst. Aber es bedarf der Gegenwart schützender Menschen, die mich begleiten. Dann steht die Zeit still, ich liege reglos und weiß, du bist nahe, du bist in der Luft, ich bin eingebettet in deine Gegenwart. Ich höre ab und zu einen beruhigenden Laut von dir. Mein einziger Wunsch ist dann: der Zustand möge von Dauer sein, oder wiederholbar, wann *ich* ihn brauche. Alle Anforderungen sind dann weit weg, ich schrumpfe und schrumpfe, die Welt wird gleichgültig, es gibt nur dich und mich, ich bin winzig, und du hältst mich, und meine vollkommene Schwäche und Hilflosigkeit sind nichts Schlechtes, ich muß mich weder schämen noch fürchten. Oh, neulich war dieser Zustand einmal erreicht, und seither weiß ich, warum mein Leben eine einzige Anstrengung ist: der Versuch, die Entbehrung dieses Zustands auf irgendeine Weise zu umgehen.

Ein Teil von mir ist tot, die Augen sind lebendig, im starren Körper ist nur noch die Gewißheit, er könnte wachsen und lebendig werden, wenn deine Nähe erhalten bleibt, und die Ohren registrieren jedes Geräusch. Sie filtern nur heraus, was sich auf dich bezieht. Sie sind mein Mutter-Radar, halten dein Kommen und Gehen fest, schlagen Alarm, wenn Geräusche herandrängen, die auf Ungeduld schließen lassen oder gar drohenden Abschied.

Die Schichten der Abwehr gegen das Schreckliche: gegen deine Trauer und dein Verschwinden, sie umgeben mich, dick und starr. Du mußt wissen, daß ich den Kopf noch nicht heben kann, wenn ich so bei dir liege. Die Arme greifen noch nicht nach einem Ziel, sondern drücken nur blinde Erregung aus, erproben Bewegungen in unbekannte Richtungen. Sie wissen noch nicht, daß sie insgeheim üben, nach dir zu greifen. Du darfst nicht erschrecken, wenn ich immer wieder in Starrheit versinke. Du brauchst ein riesiges Zutrauen, um mich zum Leben zu erwecken. Ich lebe ohne Zeit, kann nicht abschätzen, wieviel Zeit ich dir abverlange. Wenn du auch nur für kurze Zeit weggehen mußt, bereite mich darauf vor, versichere mich deiner Wiederkehr.

Weißt du, was wirklich entsetzlich ist? Wenn ich nicht weiß, ob mein Dasein dich erfreut.

Wir haben Zeiten miteinander gehabt, in denen du so traurig, so verzweifelt warst, daß ich dir zur Last wurde. Ich spüre es an deinen Bewegungen, an der Hast, an der Fremdartigkeit deiner Griffe, an den fehlenden Pausen, in denen unsere Augen miteinander spielen, wenn du nur die notwendigen Dinge mit mir tust. Ich fühle mich dann tief tief jämmerlich, verarmt, überflüssig. Ich brauche es so sehr, dich zu erfreuen, und fühle doch: ich kann es nur, wenn es dir gut geht. Laß mich zurücksinken in die Zeit vor dem Unglück, als mein Wert aus deinen Augen mir entgegenleuchtete, als jede neue Regung von mir dein Strahlen hervorrief. Laß uns noch nicht an die Zeit denken, als mein wachsender Bewegungsdrang eine Gefahr wurde und meine Gesundheit die Lähmung des Vaters immer deutlicher machte und du an deinem Körper und dem Spiel meines Körpers mit deinem Körper keine Freude mehr hattest. Ich muß in der ganz frühen Zeit noch einmal Kraft holen, vielleicht gelingt es mir dann, auch den plötzlichen Verlust deiner Schwester zu überstehen und so geduldig um dich zu werben, daß du mich auch in meiner Verwirrung, der quälenden Unzufriedenheit, ja der Ablehnung er-

tragen kannst und nicht forderst, daß ich plötzlich wieder nur dir gehöre. Ich weiß, auch du
bist sehr verwirrt, niemand hat dich vorbereitet
auf meinen Zustand, auf den Schock der Ablehnung, auf die lange Dauer, die nötig sein wird,
bis wir uns wieder verstehen. Du warst in der
Hölle, in der es keinen Platz für mich gab. Du
hast mich verliehen in ein Ersatzparadies, aus
dem ich nur ungern in unsere anders gewordene
Alltagsrealität zurückkehre. Du bist traurig,
daß sich in mir so vieles ohne dich ereignet hat.
Ich will es dir stolz vorführen, doch dich erin-
nert es nur an das entgangene Glück. Du fragst
dich voll Angst im geheimen, ob ich je ganz zu
dir zurückkehren werde. Der Anfangsschock
hat dich mißtrauisch gemacht, ich spüre das
Mißtrauen und kralle mich fest in der Skepsis,
ob du wirklich meine gute Mutter bist. Wir
mißtrauen einander. Ich bin kein erfreuliches
Kind. Von Glück spricht keiner mehr. Es geht
ums Überleben des Vaters. Ich aber habe reich-
lich Glück erlebt, während du in der Hölle
warst. Wenn wir uns wirklich wiedergefunden
haben werden, wirst du auch ertragen, daß ich
dir davon berichte. Ich will es nicht vor dir
verstecken müssen. Wir sind beide gebrochen

und versuchen, es voreinander zu verbergen. Du mußt verstehen, ich bin gelähmt vor Schmerz und Trauer, trotz meiner Heimkehr; ich bin verwirrt, weil meine Augen und Sinne sich nicht zurechtfinden. Deine Zeichen und Laute sind noch fremd, und wir sprechen noch in fremden Sprachen miteinander, nicht in unserer alten vertrauten. Ich habe keine Muttersprache mehr, und dein Körper hat keine Kindersprache mehr. Du hast einen gelähmten Mann und einen verwöhnten, fremd gewordenen, verweinten Sohn. Du mußt mitansehen, wie alle deinen Mann trösten, weil er so sichtbar krank und nur eben dem Tod entronnen ist. Niemand sieht, daß auch du insgeheim krank bist und nur mit zusammengebissenen Zähnen überlebst. Du spürst vielleicht sogar, daß du störst in der wiederbelebten Symbiose des Mannes mit seiner Mutter. Du mußt es aushalten, wie er, um zu überleben, sich an *sie* klammert, und keiner fühlt, wie verwaist *du* bist. Ich kann dir bei der Rückkehr nur zu erkennen geben, wie fremd ich dich finde. Von der Einfühlung in dich bin ich noch fast vierzig Jahre entfernt. Meine Geschwister stammen aus einer anderen Familie als ich. Sie sind nach der großen Erschütterung gezeugt und geboren. Sie kennen das versunkene Reich gar nicht, aus dem ich stamme. Fast vierzig Jahre habe ich mich geweigert, dein und euer Unglück deutlich zu sehen. Ich habe mich von euch weg an ein anderes Ufer zu retten versucht, auf einen Kontinent, der von der Katastrophe verschont blieb. Ich habe gehofft, innerlich fern von eurem Unglück meine Haut retten zu können. Ich war in großer Gefahr, euch zu verachten, weil eure Form des Überlebens so anders aussah, als meine frühen Träume es waren. Ich flog mit geborgten Flügeln von Absturz zu Absturz und habe doch immer nur, wenn auch in größer werdenden Kreisen, euer Unglück umflattert, das ich jetzt auch als meines erkenne.

Ich spüre deinen Arm unter meiner Schulter, die noch nichts tragen kann, und deine Hand unter meinem Kopf, der noch ohne Halt ist. Ich glaube, euer Unglück hat bisher selbst denen Angst gemacht, die versucht haben, mir zu helfen.

Von einem schlimmen frühen Zeitpunkt an konnte ich dir nicht mehr zeigen, wie sehr ich dich brauche. Unmerklich bin ich hineingeglitten in eine Rolle: ich bin unabhängig, stolz, ein wenig unnahbar. Ich habe es gelernt, die Sehnsucht niederzuhalten, abzuschalten. Schließlich sah es für dich und andere so aus, als hätte ich niemanden mehr nötig. Und wenn mir jemand sehr nahe kam, gab es einen inneren Aufruhr, und jedesmal habe ich die Schotten ein wenig dichter gezogen. Ich habe die Schmerzgrenze weiter nach außen verlegt, innere Warnsignale aufgestellt: Achtung, Demarkationslinie für späteres Unglück, besser nicht überschreiten, umkehren! Ich habe verlernt, abhängig zu sein, und du hast es honoriert, es paßte soviel besser in das schwankende Gleichgewicht unseres kleinen Familienbootes.

Jetzt liege ich nachts oft wach und suche mühsam den Rückweg aus einer langen Verirrung, taste mich vorsichtig an frühe Szenen nichtgelebten Lebens heran: welch ein Abenteuer, die Arme nach dir auszustrecken und deinen Namen zu flüstern. Werde ich wirklich auftauen? Die Verletzbarkeit ängstigt mich. Wer mich so findet, könnte mich kneten wie Wachs. Überall lauert Geringschätzung, Scham. Ich muß mein Leben ändern. Wie komisch das klingt. Der

Stolz sagt: bleib auf deinem Weg der stolzen Unabhängigkeit; man wirft nicht weg, was so mühsam aufgebaut wurde: Jahrzehntelang kunstvoll ausgebaute Abwehrmauern. Zwing mich nicht, *deinem* Weg der stolzen Unabhängigkeit nachzufolgen. Entlaß mich aus der Bewunderung. Ich suche deine Nähe und will mich nicht mit Bewunderung trösten. Laß meine Hände deinen Arm umklammern, bis ich eingeschlafen bin.

Manchmal schlafe ich jetzt die Nacht durch, bis der Wecker klingelt. Es ist wie ein Geschenk der letzten Wochen, seit ich nach dir rufen kann, seit hilfreiche Menschen mich zu dir zurückgeführt haben. Die Zerrissenheit allerdings wird stärker jetzt. Neulich im Traum erlebte ich eine langsame Explosion, die mich in vier Teile trennte. Vor Jahren war es ein Traum von zerbrechenden Eisschollen, deren Teile langsam auseinandertrieben.

Ich bin auf mühsamem Weg zu deinem Gesicht vorgedrungen, habe allmählich den Kopf zu heben gewagt. Du hast ganz unerwartet meinen Namen gerufen und gefragt, warum ich dich nicht ansehe. Du hast gespürt, daß ich ertrinke. Ich habe lange und verzweifelt auf diesen leisen Ruf gewartet, ohne es zu wissen; das Warten auf den Ruf aus deinem Gesicht und deinem Mund hatte ich weggenommen von deinem Gesicht und deinem Mund und zu Gott hingelenkt, weil ich die Großartigkeit deines entbehrten Gesichts vergessen hatte. Mein Leben war eine einzige Anstrengung, dich zu ersetzen, dich nicht mehr zu brauchen. Nun warst du ein einziges Mal weniger streng, bist aus deiner Zurückhaltung herausgetreten und hast gefragt: »Warum siehst du mich nicht an?« Du hast aufgehört, ein augenloses Wesen zu sein. Ich liege in deiner Nähe, zum Greifen nahe, und lege den Kopf zurück, zuerst nur für Sekunden, dann verschwindet dein Bild in meinen Tränen. Du reichst mir ein Tuch, um sie abzuwischen. Die Augen füllen sich unentwegt. Du gibst mir ein zweites Tuch. Über Wochen taucht dein Gesicht auf über mir und verschwindet in Tränen. Dazwischen sind ruhigere Zeiten, in denen ich mich langsam deines Gesichts zu versichern beginne. Du hältst es mir hin, und ich weide es ab. Meine Augen beginnen zu brennen, ich krümme mich und ruhe aus, verdaue, lasse die

Erinnerung in mich einfließen. Auch du wirst manchmal müde, schließt die Augen, wie um den Brunnen sich neu füllen zu lassen. Ich habe Angst vor meiner Gier, die dich austrocknen könnte, und gebe dir freiwillig Schonzeiten, sage zu dir: erhol dich, auch ich ruhe mich aus. Wenn ich daliege und der Körper fällt zurück in den Zustand formloser Weichheit, dann ist es manchmal, als wüchse aus deinen Augen, durch meine Augen, feines Wurzelwerk in mich hinein, als flöchten sich feine Stränge hinunter in das Formlose, und ich spüre ein kaum merkliches Gerinnen, Ansätze eines noch unsicheren Haltes in mir selbst. Manchmal wird mein Weinen lauter, und die Stimme überschlägt sich. Hinter der Mauer der Scham, die ich errichtet habe und langsam abtrage, schlägt dann ein stockendes Aufatmen. Ich phantasiere, du legst deinen Arm auf mich und beruhigst mich. Unter deinem schützenden Arm wage ich es, mich von der Entbehrung überschwemmen zu lassen. Das Weinen schüttelt mich, es ist nicht voraussehbar. Am sichersten kommt es, wenn ich vorsichtig »du« sage und weiß: gleich werde ich den Kopf heben können, und du läßt dein Antlitz leuchten über mir.

Wenn du unvorhergesehen wegschaust, schaudert es mich. Wenn du denkst oder grübelst, friert es mich. Jedes Rascheln ist zuerst ein gefährliches Signal, das Verlust oder Ferne bedeuten könnte. Dann gewinne ich allmählich Zutrauen, daß du dich nicht entfernst, und ich lausche ohne Angst den Geräuschen, die dein Körper macht, wenn er seine Haltung verändert. Außerdem weiß ich, daß ich dich zurückholen kann, wenn du die Augen schließt oder nachdenkst.

Du weißt, daß meine Augen Zeit brauchen, dein Gesicht nach allen Seiten hin zu durchforschen. Es hält stand, und jedesmal finde ich wieder neue Nahrung für mich. Ich liege oft in absoluter Ruhe und schaue dich an. Ich kann inzwischen so liegen, daß die Tränen durch die Augenwinkel abfließen, ohne den Blick zu trüben. Weinen *und* dich festhalten mit dem Blick ist etwas, das die schwarze Lauge für Stunden, manchmal für Tage fernhalten kann. Ich weiß, daß du dich mit mir freust, wenn ich dich langsam wiederfinde, auch wenn du schweigst. Du würdest es nicht gut finden, wenn das Weinen uns *beide* schüttelte.

Heute nacht, nach einigen Wochen Pause, war alles von schwarzer Lauge überschwemmt, an Schlaf nicht zu denken. Ich war nicht vorbereitet, obwohl mich schon am Nachmittag die Ähnlichkeit eines Gesichts mit dem der verschwundenen Freundin wie ein Schlag getroffen hatte. Es ist, als stürze man plötzlich, obwohl man glaubte, wieder halbwegs auf den Beinen zu stehen: etwas unkontrollierbar Stärkeres bricht sich Bahn, und Ohnmacht und Scham triumphieren. Um ein Uhr nachts ging ich zur Schreibmaschine, vergeblich. Ich hatte die kleine Hoffnung gehabt, so nach dir rufen, dich mit den Tasten herbeizaubern zu können, wie schon einige Male vor Wochen.

Dann fand ich dich, nach mühsamem Suchen, endlich in der Therapiestunde. Ich konnte es nicht ertragen, daß du so weit weg saßest; weißt du: ein Meter, das ist ja sehr nahe, für mein Gefühl aber war es schon ein kaltes Jenseits, aus dem du freundlich herüberschautest. Ich habe dich gebeten, dich so zu setzen, daß dein Gesicht dem meinen viel näher ist, und in diesem Bitten fing der Fallschirm an, sich unmerklich zu öffnen. Ich hatte Angst, der Rückfall würde dich enttäuschen. Ich lag mit verdorbenen Kleidern und so unansehnlich verweintem Gesicht da und fürchtete, du könntest mich nicht einmal mehr mit den Augen anfassen wollen. Es war mühsam, zu dir aufzusehen. Ich fürchtete Ungnade, fühlte mich wieder ganz verworfen. Schließlich flüsterte ich: »Mein Gesicht muß so häßlich aussehen, innen wie außen, und doch habe ich nur dein Gesicht, um es zu retten.« Ich fühlte mich, wie noch nie, total von dir abhängig. Doch alles dies auszusprechen und zu akzeptieren, brachte eine Wende. Nach dem Weinen schüttelte mich ein Durcheinander von Lachen und Weinen. Ich schwebte am Fallschirm langsam zur Erde zurück. Noch nie hat mich ein Gesicht so aus der Verzweiflung gerettet wie deines heute. Ich habe dir gesagt: »Es ist einfach gut, daß du da bist«, und schon war es wieder aus mit der Fassung, das Durcheinander von Weinen und Lachen hat mich von dir weggerissen, ich habe mich in den durchnäßten Tüchern versteckt und dich zum Abschied doch wiedergefunden.

Ich wälze mich wieder, wach im Morgengrauen, aber diesmal ist es nicht die schwarze Lauge der Verlorenheit, die über mir wegschwappt, sondern aufgeregte Erwartung. Ich weiß, daß es dich gibt, daß du im Augenblick nur anderswo bist, und vielleicht noch für eine mich lang dünkende Zeit fern, aber daß du nicht verloren bist und ich also nicht verloren bin. Ich fühle mich nicht mehr verworfen, sondern unruhig vor Sehnsucht, heimgesucht von Bildern der Nähe und Umarmung, von nicht endendem Zusammensein. Ich bereite dir einen Raum innerlich, fange an, auf die Geräusche zu lauschen, die du machen wirst, sehe dich durch Türen treten. Ich öffne dir die Türen und stelle Blumen auf. Ihr Duft und dein Duft werden ineinanderströmen. Sie werden lange blühen. Überall schaut mein Gesicht aus den Wänden, die ich für dich schmücke, es winkt dir zu und lädt dich ein zu kommen. Ich wage wieder, um dich zu werben. Ich sage zur langen Eiszeit: »Geh«, und überlasse mich dem Zerren und Dehnen und Krachen der langsamen Erwärmung. Ich durchleide für dich die Umkehr des Erfrierens, die Pein der Tauzeit. Der heraufziehende Tag ist nicht mehr mein Feind. Er enthält Hoffnung. Meine Trauer vergiftet nicht mehr die Luft zwischen mir und anderen Menschen und macht sie blaß. Ich schau in ihre Gesichter, als erwachten auch sie langsam zum Leben. Das Messer, das mich täglich von ihnen abschnitt, wird stumpf. Die Dinge verschwören sich nicht mehr gegen mich, kehren zurück zu ihrer normalen Trägheit, die ich hin und wieder überwinden kann, ohne sofort erschöpft zu sein.

Der Weg der Rückkehr zu dir ist jetzt begehbar, auch wenn er immer wieder zuwächst, sobald ich ihn längere Zeit nicht betrete. Es schaudert mich jetzt nicht mehr vor deinen Sorgenfalten, der gelegentlichen Strenge des Gesichts, den dunklen Strähnen unter deinen Augen. Ich habe dir begreiflich, ja fühlbar gemacht, wie sehr ich dich brauche, und es ist dir nahe gegangen. Manchmal ist es mir gelungen, dein Gesicht aufzuhellen. Du weißt, daß die Rückkehr mühsam ist. Auch *du* fühlst dich nicht mehr, weil du mich weggegeben hast, von mir verworfen. Wir müssen einander nicht hassen, weil wir freundliche Dolmetscher hatten, um uns wieder zu verstehen. Wir haben jetzt eine Zeichensprache und einige sichere Worte und Blicke aus der ganz alten Zeit, die uns verbinden. Ich fürchte nicht mehr, daß du aus der Welt, aus meiner Welt verschwindest, wenn du dich entfernst. Ich kann irrsinnig schreien nach dir, daß die Leute, die in der Nähe sind, erschrecken. Sie kennen das nicht, daß der ganze Körper von tief innen brüllt, wenn diese schreckliche Entbehrung droht. Und es ist beruhigend zu wissen, daß meine Gier nach dir und deinen Gaben nicht außermenschlich oder tödlich ist, daß ich dich nicht wegen meiner Gier verloren habe. Sie ist in mir nur ins Unermeßliche gewachsen, als du weg warst, hat dich aber nicht vertrieben, doch meine bösen Gedanken und Gefühle auch nicht. Ich werde aber noch einige Zeit brauchen, um da sicher zu sein. In mir wächst das Zutrauen, daß ich nicht endgültig zu kurz komme auf dieser Welt. Und es gibt schon jetzt einige Menschen, die mich spüren lassen, daß sie sich wohlfühlen in meiner Nähe, und denen ich sagen kann: »Es ist schön, daß du bei mir bist.«

Ist die Brücke zwischen uns jetzt sicher genug für eine Rückkehr, auch wenn ich mich nun entferne, um die Zeit mit deiner Schwester nachzuerleben? Ich möchte, daß du zuhörst und Zeuge bist, auch wenn es dich vorübergehend zerreißt vor Kummer über unser versäumtes Glück der zweiten Hälfte meines ersten Jahres. Mir ist, also müßte *ich* jetzt dich trösten über meinen Abschied. Ich komme mir grausam vor, wenn ich dir mein Glück aus jener Zeit schildere, als ich dein eben in mir fester werdendes Bild habe verlöschen lassen müssen. Aber wenn du mich kennen willst – und ich nehme jetzt ganz sicher an, du bist bereit, mich zu ertragen, wie ich geworden bin –, dann mußt du die Schmerzen des Zuschauens aus der Ferne auf dich nehmen. Ich habe gebüßt für dieses geliehene Glück, mit einem noch schlimmeren Abschied als dem ersten, und in meiner Wut und Weigerung, dich wieder anzunehmen, magst du ein Zeichen sehen, wie sehr ich dich in Wirklichkeit entbehrt habe. Vielleicht ist ein Teil der Genauigkeit, mit der ich die Zeit mit Tina erfühlen werde, nicht ohne einen Wunsch nach Rache denkbar, der noch immer in mir haust. Was zwischen euch Schwestern vorgegangen ist, kann ich schwer erfassen, habe mich bisher auch gescheut, es zu erkunden, ahne die tiefen Strömungen von Zuneigung, Neid und Übertrumpfenwollen, die sich mischen und auch über mich hinweggeflossen sind, kälter und heißer, als vielleicht bekömmlich war. Du warst in der Hölle, während Tina mich das Laufen gelehrt hat, das klare Erkennen des Gesichts, das Antworten auf Gesten und das Hervorlocken von Antworten, einen Austausch von extremer Intimität, in dem das seelische Nähren das biologische immer mehr überwiegt.

Ihr werdet Familienrat gehalten haben, auch in der weiteren Verwandtschaft, was zu tun sei, als klar wurde, daß du die Tage beim Zuber verbringen mußtest, bis zum Überleben oder zum Tod des Vaters. Tina war zehn Jahre jünger als du, ein Backfisch mit Abitur, mit blonden Zöpfen fast noch bis in die Zeit hinein, in der sie kam, mich abzuholen. Es taucht also ein unbekümmertes, unerwartet mit einer gewichtigen Aufgabe betrautes Gesicht auf. Ein paar Tage sind wir noch zusammen. Sie lernt die wichtigsten Handgriffe von dir, du erklärst ihr die Bedeutungen meiner Zeichen und meines Geschreis. Vielleicht spüre ich schon, daß sie glücklicher ist als du. Es wird ein verweinter Abschied gewesen sein, und du magst versucht haben zu spüren, wie gut ich dich schon kenne.

Doch ich fürchte, ich habe dir kein beruhigendes Zeichen geben können, habe mich vielleicht schon an die unbekümmerte Pflegerin gehalten, die mich unerreichbar weit mitnimmt auf ein ganz und gar im Dunkeln liegendes Wiedersehen.

Ich spüre, wie ich zögere, dir mein inzwischen vertrautes *du* wegzunehmen, fühle nachträglich das Ausmaß des erzwungenen Verrats, wenn ich nun in die neue Intimität hinüberwechsele. Du bist die Mutter, aber *sie* ist meine erste wirkliche Liebe und Leidenschaft, weil die Möglichkeit zu einem solchen Gefühl ja erst wächst in einer Zeit, in der du mich weggeben mußtest. Ihr Gesicht habe ich sicherer erfaßt als deines, das doch für die ersten Monate fast nur aus zwei Augen unter der Stirn bestand, mit denen du mich intensiv begrüßtest, so daß ich nie die Sicherheit verlor, wirklich auf der Welt und vorhanden zu sein und eine innere Einheit zu bilden. Aber dein Gesicht fing doch erst an, sich um deine Augen herum zusammenzusetzen. Und als es in Trauer erstarrte, erstarrte wohl auch meine Fähigkeit, aus den Teilen langsam eine einzigartige Einheit zu bilden. Ich spüre, wie du mir entschwindest, wenn ich in das neue *du* eintauche, in neue Augen, in ein ungleich belebteres Gesicht. Ein Mond geht unter, und eine Sonne taucht auf. Ich bin geblendet und verwirrt. Eine kleine Weile besteht ihr nebeneinander am Himmel, dann verblaßt der trauernde Mond, und ich bade in ungewohnter Wärme und ungewohntem Licht. Ich kann dich nicht festhalten, ich bin geblendet, schließe die brennenden Augen, um mich anzuklammern, und öffne sie ganz langsam dem neuen Strahlen.

Vater, dich kann ich noch viel weniger festhalten, du bist noch viel früher in die Krankheit verschwunden, dein Gesicht und dein Körper sind verwelkt, ehe sich ein Bild von deiner Person in mir bilden konnte. Ich muß mich an das Wissen halten: ich weiß, daß du mich scheu im Arm getragen hast, vielleicht unter den wachsamen und eifersüchtigen Augen der Mutter gar unter die Decke hieltest, mit meinen bereitwillig deine Finger umklammernden Fingern gespielt hast. Es mag auch so sein, daß ich deine dunklen Augen in denen eines indischen Freundes wiedergefunden habe, zu dem ich Ge-

fühle von zärtlicher Scheu entwickle, eine
Scheu, die sonst wohl nicht erklärlich wäre.
Ich nehme an, du warst von fast einfältiger
Verliebtheit in den Erstgeborenen und hast
mich spüren lassen, daß dein Selbstgefühl mit
mir wuchs, bevor es unter der Wucht der
Krankheit zusammenbrach. Ich sage dir, dem
Gesunden, den es von einem Tag zum anderen
aufs Lager warf, wie zu einem beinahe Unbe-
kannten: Leb wohl; und ich bitte dich aus
meinem jetzigen Wissen heraus um Vergebung
wenn ich dich später, soweit ich es bis heute
erfasse, eher scheu und skeptisch und doch mit
unerfüllter Sehnsucht angesehen habe, weil es
doch untersagt war, deinen Körper zu berühren. Auch dich habe ich in der zweiten Hälfte
meines ersten Jahres verraten müssen: ich lebte
im Hause des weißbärtigen Großvaters, von
Tina betreut, doch unter seinem mächtigen
Schutz, und es würde mich wundern, wenn ich
nicht etwas von dem Staunen erfaßt hätte, das
ihn umgab, wenn er musizierte, erzählte oder
Andacht hielt. Statt deiner ist er mein erster
Vater geworden, ein gelehrter, ehrwürdiger
Greis von predigender, nicht eigentlich zuhö-
render Natur. Er hat mich nie so nahe an sein

Gesicht genommen wie du. *Dich* hätte ich geliebt, *ihn* habe ich angestaunt. Du warst ein Mensch. Er war ein Denkmal. Und so ist ein Denkmal mein erster Vater geworden, und ich habe so lange gebraucht, um vom Denkmalhaften zum Menschlichen zurückzufinden mit den Männern, bei denen ich Führung und Orientierung suchte.

Ich lasse dich also im Zuber liegen, ohne Schmerz und Einfühlung, aber mit elementarem Haß, weil du mir, mit deiner Krankheit, so viel geraubt hast. Die Grammatik wird absurd an diesem Punkt. Du hast gelitten, ich habe gelitten, wem soll man es zuschreiben?

Tina. Tina. Tinchen. Tina. Du hast unruhige Tage mit mir und bist voller Aufopferung und lauschender Besorgtheit. Ich hole dich oft aus dem Schlaf, wenn ich aufschrecke und mich nicht zurechtfinde. Alles an dir ist neu, faszinierend, wenn es mir gut geht, aber nicht gleich beruhigend, wenn die unbegreiflichen Dinge von zuhaus mich noch durchschütteln. Aber du bist Tag und Nacht für mich da, und so wird dein betörender Duft und dein erst fremdartiges

Gurren und Surren und Wiegen eine tröstende und berauschende tägliche Nahrung.

Ich weiß, du hast es dir zunächst gar nicht zugetraut, mich zu übernehmen, warst voller Zweifel, ob du dein eigenes Kindsein zurückdrängen könntest, hast dich gefügt, als deine eigene Mutter dir Schutz und Beistand versprach und damit die untergründigen Fragen nach der Legitimität dieser plötzlichen, von der großen Schwester übernommenen Mutterschaft beruhigend auflöste. Dann hast du dich deinem Ehrgeiz hingegeben, die beste Mutter zu sein, die ich haben könnte. Hast mich zu deinem fast einzigen Lebensinhalt gemacht. Bist mit mir durch den Park und die Straßen spaziert und ließest dich voll heimlicher Wonne fragen, ob ich dein Kind sei. Denn den staunenden Fragerinnen aus der Nachbarschaft war kein Vater bekannt; also ergingen sie sich in feinen Andeutungen über die junge blühende Pfarrerstochter, die man unlängst noch mit Zöpfen gesehen, und du genossest die Phantasien der Leute, die dir zutrauten, ein beinah vaterloses eigenes Kind zu haben. Ach, was haben diese deine Erlebnisse enge Schlingen der heimlich-intensiven Zusammengehörigkeit um uns gelegt! Du standst doch, nach Jahren gemessen, gerade in der Mitte zwischen Puppenspiel und der Pflege eigener Kinder; fühltest dich also stolz und erwählt, in frühreifer Mission mich in Obhut zu nehmen, eine junge Wundermutter mit einem für die Phantasien der Nachbarschaft geheimnisvoll plötzlich auf den Schoß gelegten Riesenbaby. Ich überlasse mich diesen Vermutungen, um wenigstens ein schwankendes Fundament zu gewinnen für mein Gefühl und meine Überzeugung, daß ich von der Obhut bei dir immer noch zehre und mein ganzes Leben zehren werde, wenn auch um den Preis langer Zerrissenheit und langer verwirrter Jahre und der endlosen Mühe einer nie wirklich vollzogenen Rückkehr zur eigenen Mutter.

Du läßt mich in deinem Gesicht forschen, so lange ich will, ja, du genießt dieses intensive Anschauen, weil es auch deine Gegenwärtigkeit, dein Auf-der-Welt-Sein vertieft und deiner früh angehäuften Klugheit und dem gelehrten Wissen aus dem stolz und rasch durchlaufenen Gymnasium ein Gegengewicht verleiht. Du läßt dich von mir aus vielen frühreifen Gedanken auf die Erde zurückholen. Überhaupt ist dies das Geheimnis unserer Verbindung: daß du *mir*

Wert verleihst und ich *dir* Wert schenke, daß wir uns anstaunen und aufeinander angewiesen sind. Du erhöhst mein Dasein und ich erhöhe deines; ich will mich jetzt überhaupt nicht sträuben gegen die Musik eines Hohen Liedes, die mich überkommt. Wir sind ergriffen voneinander, und da ändern auch die Windeln nichts, das nächtliche Geplärr, meine häufige Weigerung, richtig zu essen, meine schwer durchschaubaren Stimmungsschwankungen. Du bist so andächtig bereit, deine Einfühlung stetig zu erweitern. Meinst du nicht, daß wir fast süchtig nacheinander sind und auch, wenn wir uns gerade nicht sehen, in Gesten, Lauten und Träumen unseren innigen Dialog fortsetzen? Ich bin ganz ahnungslos heftig in meiner Leidenschaft für dich und habe kein Gefühl für die Zeit und für schlimme, bedrückende Vorgänge anderswo, in jenem Krankenhaus. Du aber erhältst regelmäßig Nachrichten von dort und wirst an das Vorläufige oder Vorübergehende unserer Beziehung gemahnt, und dies erhöht deinen Eifer und deine Zuneigung, weil du, wenn auch zu einem ganz und gar unbestimmten Zeitpunkt, ein gelungenes Werk der Pflegschaft abliefern willst, nichtsahnend, daß, je inniger sie gedeiht, desto schlimmer die Trennung ausfallen wird.

Der Winkel zwischen deinem Hals und deiner Schultergrube ist Rettung und Zuflucht für mein Gesicht. Wenn ich dann noch deine Hand über meinen Hinterkopf streicheln fühle und spüre, wie dein zerbrechlich-starker Arm mich hält und gegen deine zwischen Andeutung und Vollendung geformte Brust drückt, dann will mir scheinen, ich könnte es nie im Leben besser haben. An diesem wonnigsten Platz in der Welt läßt du mich ausruhen, aber auch Neues entdecken: nach deinen Ohren zu greifen oder in die Frisur zu fassen. Ich schmecke dich atmen und rieche dein Herz klopfen, meine Augen schwelgen in der Musik deiner feinen Lock- und Beruhigungslaute. Zwischen meiner Brust und deiner Brust sind die Grenzen verwischt, mein Herz geht bei dir aus und ein, und deines bei mir. Mein kleiner Hintern fühlt sich an wie dein Arm, und dein Arm wie mein kleiner Hintern. Es ist verwunderlich, wie wir uns immer wieder voneinander lösen können. Jeder bleibt ganz, und dann verschwimmen wir wieder. Ich nehme ein Tina-Bad in deinem Duft und deiner Nähe, und du badest in meinem Jauchzen.

Und wenn ich mein Gesicht dann von deiner Schulter löse und, schon vor dem Augenaufschlag freudig beunruhigt, die Momente vor dem Ineinandereintauchen der Augen genieße, ein wenig atemlos immer vor diesem strudeligen Untergang! Manchmal verweile ich bei deinem Mund und du unterhältst mich mit seinen Grimassen, schnappst vorsichtig mit deinen Lippen nach meinen noch unbeholfen forschenden Fingern. Wir verbringen endlose Zeit mit den immer gleichen, aufreizenden und beruhigenden Wiederholungen. Werfe ich mich vor Wonne unbekümmert nach hinten ins Leere, so hältst du mich, fängst du mich, und ich schreie vor Angstlust wie ein Trapezkünstler, der, aus Verliebtheit tolpatschig, immer wieder ins rettende Netz muß. Dann dein Gesicht. Du hast grünleuchtende Augen und erlaubst mir, sie aus jeder von mir gewünschten Nähe anzuschauen. Ich lerne schwimmen in ihnen und ihre strahlenden oder fragenden Antworten ergründen. Ich verfolge den Aufschlag der Lider. Wenn unsere Nasen sich berühren, blicke ich in grüne

Seen, vor deren Tiefe mich ein wenig schaudert. Und bei alldem begleitet mich deine Stimme. Sie schützt und ermutigt mich.

Oft kann ich nur noch einen einzigen grünen See erblicken, der andere verschwindet am Rand des Gesichts, so nahe bin ich dir, oder er erscheint plötzlich hoch über mir, oder seitlich versetzt. Deine Nase tanzt zwischen den Seen, ab und zu rutsche ich hinunter zum roten Abgrund des Mundes. Gelehrten Unsinn habe ich über manche von Picassos Frauenbildern gelesen, über die Zerstörung des menschlichen Antlitzes und Zweifel am abendländischen Menschenbild. Ich glaube nichts mehr von all dem, seit ich dich so aus der Nähe wiedergesehen habe: Liebestafeln sind es, Gesichter aus der extremen Nähe der Leidenschaft oder der Innigkeit erblickt, wo Augen, Mund, Nase, Stirn und Augenbrauen in jenen Wirbel geraten, in dem sehr sehr enge Vertrautheit die gewohnte Perspektive ersetzt.

Wenn ich mit der Hand in die Seen tauchen will, schüttelst du den Kopf und grollst, wie Tauben grollen: gurrend. Deine Stimme erweitert sich dann künstlich nach unten, du machst einen ganz runden Mund beim mahnenden dudu, und schon fliegt sie wieder ganz hinauf, auf die Höhe lustvollen Quiekens, wenn ich dich an den Haaren zerre oder dir gar in die Brust kneife. Überhaupt deine Brüste: hast du sie mir nicht manchmal, heimlich und verschämt, zum Spielen überlassen, so daß ich deren erster Entdecker und Erwecker war? Wehe, das Denkmal hätte es bemerkt, und deine Mutter, des Denkmals Frau. Süße Geheimnisse haben wir gehabt, und wenn es mir gut ging, warst du die ganze Welt und wundersames Spielzeug in einem. Ich spüre es in diesen Tagen beim Schreiben, daß ich gelassene Wochen, ja Monate mit dir verbrachte, als wäre die Welt heil, eine vollkommene Idylle am Rand des Unglücks.

Du mußt nachts oft aufgestanden sein, um mich zu beruhigen. Die Ungeheuer der Träume lassen sich selten für längere Zeit besänftigen. Wenn dein Gesicht erscheint, verblaßt ihre furchterregende Macht. Ich brauche mich nur fest an dich zu klammern. Du schläferst sie ein mit Streicheln oder mit deiner Stimme. Ich schreie fast jede Nacht nach dir, und du nimmst mir sogar die Scham, dich so sehr zu brauchen. Später werde ich immer das Gefühl haben, mit meinem Dasein und meinen Bedürfnissen andere zu stören, eine Gefahr zu sein, sie zu überfordern. Dich scheine ich nicht überfordert zu haben, das Glück überwog. Zwischen uns gab es noch nicht jene sich ziehende, nörgelnde Unzufriedenheit wie später nach meiner Heimkehr zur Mutter. Natürlich hatten wir Glück miteinander: ich war in einem Alter, in dem ich noch nicht, fast nicht erzogen werden mußte, du aber pflegen und verwöhnen durftest, während kurz danach die Schmerzen der Erziehung gehäuft auf mich und die Mutter zukamen. Du hast mir deinen tröstenden und verwöhnenden Körper so ganz überlassen, daß ich mich selbst im festverschnürten Windelpaket fühlen konnte wie ein vermögender Playboy, allerdings einer mit einer einzigen Geliebten, dir.

Schon bevor du mich holtest, wurde ich fürsorglich und liebevoll, ja mit mütterlicher Wonne umhegt. Doch es gibt in einem kleinen Körper Phasen des Erwachens, der Empfänglichkeit für Lust, Wonne und Geborgenheit, und du hast mit mir, und ich habe mit dir eine Zeit des körperlichen und seelischen Erwachens gelebt. Weißt du, es bedarf der Gewöhnung und der Vorbereitung, bevor die Schauer des Wohlbehagens und der Lust so tief in einen hineinfahren, wie es zwischen uns geschehen ist. Dein feines Fingerspiel auf meiner Haut, deine auf meiner Brust kreisende Nase, der Pfeifstrom der Luft aus deinem gespitzten Mund, das Kitzeln deiner Haare in meinem Gesicht, die Bewegungen in deinen Händen, wenn du mich gehalten hast, die Schaukellust in deinen Armen, wenn du, mit mir und für mich, gehüpft bist oder getanzt hast! Und die Veränderungen in deiner Stimme, wenn du mir deinen Körper zum Spielen und Entdecken überlassen hast. Ich lausche auf die Veränderungen deines Atems, wenn ich mit dir spiele, auf die Musik der Wohligkeit, die du, für andere unhörbar, verströmst unter meinen tolpatschigen Fingern.

Weil ich dich einst gehabt habe, bin ich nicht verlorengegangen oder umgekommen und habe mir selbst nichts angetan. Du bist mir auf entsetzlich schmerzhafte Weise verlorengegangen, aber ich wußte immer, daß es dich gab und in mir gibt, und daß ich die Suche nicht aufgeben sollte, allerdings nicht die Suche nach diesem arkadisch reinen, utopischen Glück, sondern die Arbeit der Verknüpfung dieses Glücks mit den Möglichkeiten des Alltags. Lange standest du mir so als Fata Morgana vor Augen, daß ich die Möglichkeiten des wirklichen Lebens nicht gesehen habe. Dein verklärtes Bild, an dem ich mit früher Frömmigkeit hing, hat mir oft den Blick verstellt. Da wir im Augenblick des größten, von Einschränkungen noch fast ungetrübten Glücks getrennt wurden, haben wir nicht zusammen die herben Erfahrungen des täglichen Interessenausgleichs miteinander durchgemacht. Noch ging kein Zwang von dir auf mich aus, mich auch in dich einzufühlen, Opfer zu bringen. Du warst ganz für mich da, und das hat mir dann so viel Mühe des Zurechtfindens gemacht in der anderen Welt, wo neben mir Menschen waren mit leidvolleren totalen Ansprüchen als die meinen. Einer zunächst: der Vater, und später dann der kränkelnde kleine Bruder.

Die Feste der Fütterung kommen mir in den Sinn, nicht wirklich Bilder, sondern Gewißheiten, die an den Bildern anderer kleiner Kinder wiederbelebt werden. Du gibst mir die Flasche, und ich ergebe mich ganz dem Leichtfließenden dieser Nahrung. Wenn es ums Essen mit dem

Löffel geht, ziere ich mich vielleicht und brauche viel Geduld. Manchmal scheint es mir auch, ich könnte vom Lutschen an deinen Fingern satt werden, oder ich verwechsle das Stückchen Frucht, das du mir reichst, mit deinem Finger oder umgekehrt, und bin erstaunt, wenn das eine in meinem Mund bleibt und das andere nicht. Ich kann es spüren, die Freude in deinem Gesicht, wenn ich feste Bröckchen verzehre. Du hast mir über die Mühsal des Zahnens hinweggeholfen, die doch immer wiederkehrte.

Beim Waschen geraten wir in überschäumende Ausgelassenheit, weil du mich, ohne abzuwehren, in die Wogen des Beckens schlagen läßt, und weil du so viele Spiele erfindest, meinen Körper naß zu machen. Nur wenn ich wirklich gesäubert werden soll, bäume ich mich auf, so gut ich es vermag, aber das verstehst du und lockst mich auf Umwegen und Schleichwegen in die anstrengende Sauberkeit. Du weißt, daß ich im Bad vor Zappeln und Um-mich-Schlagen fast in Ekstase gerate, und hältst mich manchmal fest, wenn ich den noch schwachen Halt in mir zu verlieren drohe.

Es überkommt mich immer wieder, ein seelisches Umkippen, dann bin ich stundenlang verstimmt. Du bist oft ratlos und dennoch nicht ungeduldig, begreifst mühsam, daß auch du nicht zaubern und mich rasch zum Wohlbefinden zurücktrösten kannst. Du lernst, daß du mir beistehen mußt bei einem Prozeß, den wir beide nicht durchschauen, bei dem deine gelassene Gegenwart wichtig ist, und bei dem sich die schmerzhaften Phasen des Weinens, Quengelns und Um-sich-Schlagens doch nicht wesentlich beschleunigen lassen. Ich kann noch nicht reden, habe nur die Stimme und den Körper, um Unbehagen, Verärgerung oder Entsetzen auszudrücken, und manches davon kann tief sitzen, ich glaube, die schwarze Lauge war manchmal schon in mir, bevor du mich geholt hast, aber zusammen mit dir ist sie nicht ein unbezähmbares Ungeheuer. Ich brauche deine Zuversicht, daß sich das kleine Knäuel Elend wieder zu einem aufgeräumten Menschlein hin entknäueln wird. Wenn ich am Ufer bin, tue ich so, als sei die Welt nun für immer in Ordnung, flüchte mich in rasches Vergessen, bis der Faden reißt. Du mußt gelassen bleiben, darfst es nicht dir zuschreiben oder gar als Kränkung verstehen, wenn es umschlägt aus scheinbar heiterem Himmel, es ist keine Demonstration, es ist ein unterirdisches Beben, die Erde ist nicht überall fest, manchmal stürzt eine von den ausgespülten Tränenhöhlen ein oder am großen Grabenbruch der ersten Trennung entlang verschieben sich die Schichten.

Es ist so schön, wenn du mit mir das Aufstehen übst. Am liebsten halte ich mich an deinen Knien fest. Hinter mir hast du Kissen ausgebreitet, weil ich oft zurückfalle, ganz plötzlich. Manchmal lache ich, manchmal schreie ich. Warum, wissen wir beide nicht. Wenn ich die Hosen voll habe und du es noch nicht gemerkt hast, hänge ich mit vorübergehend leerem Gesicht der Empfindung nach, wie es mir langsam zwischen die Beine quillt. Es ist auf fremdartige Weise angenehm, aber doch so merkwürdig, daß ich fragend an deinem Gesicht hänge. Du kennst diesen fragenden, teils belustigten, teils beunruhigten Blick, wenn ich innere oder äußere Vorgänge am Körper zu erfassen versuche, sie aber kaum orten, geschweige denn kontrollieren kann. Ich brauche dein Gesicht, um mit dem Unheimlichen fertig zu werden. Wenn du beruhigend sagst: »Aha, der kleine Mann hat die Hosen voll«, dann verstehe ich dich zwar nicht, aber die beunruhigenden Vorgänge auf der Rückseite sind auf Vertrautes, sich Wiederholendes zurückgeführt, und ich kann deinen Stimmklang, vor allem, wenn du Riechgeräusche machst, mit den nun folgenden Vorgängen in Zusammenhang bringen: Ausgepacktwerden, Gewaschenwerden, Trockenreiben, Gedreht- und Gewendetwerden, nicht immer ganz gleichmäßig ruhig, manchmal scheinst du es auch eilig zu haben. Du bist dann erlöst und frohlockst über das neuverschnürte Paket.

Morgens und abends nimmst du dir am meisten Zeit, da machst du aus dem Aus- und Einpakken eine Symphonie. Du sagst zärtlich beim Auswickeln: »So, jetzt wollen wir aber mal sehen, was da herauskommt«, und ohne daß du es spielen müßtest, scheinst du jeden Morgen neu erstaunt und gerührt über das Ausgepackte, selbst wenn es stinkt. Dann kommt die Säuberung. Auf meiner Körperoberfläche zeichnen sich längst Landschaften unterschiedlicher Erregbarkeit ab. Ich kenne dein Gesicht und kenne das Ritual, vertraue auf seine Stetigkeit und genieße doch deine vielfältigen Abweichungen. Huldvoll registriere ich, daß du die richtige Wassertemperatur getroffen hast. Wie hast du nur herausgefunden, daß ich von Geburt an ein Pascha war? Oder hast du vorhandene Anlagen gefördert und verstärkt? Du Fee im Alter zwischen Grübchen und Fältchen. Wer hat dich gelehrt, mit der seifigen Hand oder dem Schwämmchen an meinem Körper entlangzufahren, daß es mir den Atem verschlägt? Bist du so hinreißend zart und sanft zu mir, weil ich ein Teil von dir bin, oder, wie ich es meist verstehe, du ein Teil von mir? Komm her, großer Teil von mir, halt mich fest, lieblicher Teil von mir, streichle mich, riesige Untertanin, laß dich verhexen von mir, daß du mir nicht entkommst und weiterhin den Dienst an meiner Person als eine lebenausfüllende Mission ansiehst! Ich weiß, es ist nicht vernünftig, so zu sprechen, und es ist auch nicht ernst gemeint, aber es gehen viele Stimmen in mir durcheinander, und manche klingen, als spräche noch der kaum Einjährige aus ihnen. Sie sind vor Schreck fast stehengeblieben, als du mich verlassen hast, wollten nicht anerkennen, daß du weg bist. Ach, wäre ich bis weit ins zweite oder gar dritte Jahr bei dir geblieben, so hätte ich vieles leichter gelernt, nicht so mühsam, unter solchen Schmerzen für andere und mich.

Wenn du mich also auspackst am Morgen und, ein fröhliches Lied, manchmal sogar einen Choral auf den Lippen, mich sauber spülst, wie ist dir dann? Fühle ich unrichtig, wenn ich fühle, daß du mein Zipfelchen freundlicher und länger wäschst und puderst als andere Teile? Ist es, weil du mit einem solchen Ding zum ersten Mal umgehst, vom Denkmal geschütztes Pflegemütterchen? Schwämmlein drüber, es könnte einer kommen und die Augenbrauen hochziehen. Wir haben ja auch noch ganz ernsthafte Dinge miteinander vor, zum Beispiel Laufen lernen, obwohl man das sowohl ein- wie ausgepackt üben kann, und du weißt wohl, daß es ausgepackt noch jubelnder zugeht.

Also, ich sitze frischverpackt auf dem Boden und habe alle erreichbaren Spielsachen beiseite geschleudert, ein Zeichen für dich, daß ich auf Neues sinne. Du reichst mir beide Zeigefinger, und ich stemme mich hoch, warm und anfeuernd eingehüllt in deine Ermunterung und dein Staunen. Du schiebst und ziehst ein wenig, und tatsächlich fährt mir der Bewegungsdrang in die Hüften und Beine. Du minderst die Wucht des

Einknickens und Vorn- und Hintenübersakkens, und ich setze Fuß vor Fuß. Ich höre an deiner Stimme und spüre es in meinem ganzen Körper: etwas Entscheidendes geht vor, ich sehe die Welt anders, trage meinen Kopf jetzt auf mindestens der doppelten Höhe des bisher Erreichten, nicht mehr mit geliehener Kraft und dem Aufschwung fremder Arme, sondern auf meinen eigenen Füßen. Ich stehe. Ich schwanke, ich falle, stehe wieder. Noch komme ich nicht aus eigener Kraft hoch. Aber du kennst meinen Schrei, wenn ich aufstehen will, oder du hast selbst solchen Spaß an der Sache und einen heimlichen Ehrgeiz vor dem schlimmen herannahenden Termin, daß du mir auch ungerufen beispringst. Ich tappe in dein strahlendes Gesicht hinein. Stehen ist großartig, aber Gehen ist mehr. Es ist ein Taumeln auf dich zu, ein mit Mühe selbstgesteuerter Aufschub vor dem Fallenlassen in deine Arme. Dein Jubel und mein Jubel mischen sich, und dann führen wir das Kunststück, das uns verbindet, der ganzen Familie vor, immer wieder, und selbst das Denkmal wischt sich eine Träne weg oder steht auf und macht sich brummelnd draußen zu schaffen. Ich bin sein erster Enkel, und du, seine jüngste Tochter, hast mich das Laufen gelehrt, im Exil, im paradiesischen Exil.

Ich lerne sehen an deinem Gesicht. An deinem Körper entwickelt sich mein Sinn für Proportionen. Ich studiere dich mit der Unverfrorenheit des bald einjährigen Forschers. Meine Neugier ist unersättlich, und du läßt meiner Entdeckerfreude freien Lauf. Wir sind erfinderisch zusammen in der Freude übereinander. Ich erklettere dich von allen Seiten und komme keuchend oben an, purzle seitwärts herunter, stürze in die Schluchten, die sich zwischen deinen Armen und deinem Körper bilden, und in die Schlucht zwischen deinen Beinen, die du so oft variierst: ich kann hindurchkrabbeln auf allen vieren, oder ich kann mit dem Gesicht hineinversinken, mich verstecken, mich an deinem Geruch berauschen oder mich wonnig gruseln, wenn du mit den Schenkeln einen warmen Schraubstock bildest, dem ich mich stöhnend oder lachend entwinde. Ich renne weg, und du erwischst mich, ich fliege in die Luft und lande an deiner Brust. Ich verstecke mich, und du suchst mich, zum Schein in der falschen Ecke,

ich merke es und merke es nicht, mir stockt der
Atem vor Angstlust, wenn du tapsend in meine
Nähe kommst, und unser Geschrei mischt sich,
wenn du mich mit einem Laut des Staunens und
der Freude ergreifst. Wir kämpfen: ich übe,
mich dir zu entwinden, und du umklammerst
mich nur um so fester; ich schwanke zwischen
der Lust des Entwindens und der Wonne, dem
Bedürfnis, der Sehnsucht, festgehalten zu werden. Wenn beides einander lähmt im Kampf,
weine ich manchmal oder schnappe nach Luft,
schlage nach dir, weil ich in einen noch unbe-
kannten Abgrund des Selbstwerdens gefallen
bin, unheimliches Gelände der Einsamkeit, wo
es mir scheint, als drängen die Schreie nicht
mehr wirklich zu dir vor und verbänden uns,
bis ich dich wieder verzweifelt umklammere.
Mein Blick saugt dann an dir, saugt sich fest,
damit ich nicht in die inneren Tiefen stürze. Du
weißt inzwischen, daß ich ertrinken kann in mir
selbst, und kennst Wege, meine Panik zu mildern. Es ist das Ungeheuerliche, daß und wie
ich dich nach jedem äußeren und inneren Sturm
wiederfinde, obwohl es mir oft genug scheint,
als sei dein Bild für immer in den dunklen
Wolken verschwunden.

Manchmal, in Momenten gelassener Erfüllung, wenn ich dich nicht zu heftig brauche und von stürmischen Wünschen oder starken Bedrängnissen überflutet werde, liege ich neben dir und streichle dich unbeholfen. Es ist dann, als wenn *du* dir ein Zurücksinken, ein Nachlassen der immer verantwortlichen, immerwachen Aufmerksamkeit gönntest; wo du dich einen Moment lang schutzlos werden läßt, weil du ahnst: ich beginne, wie vorübergehend auch immer, zu erfassen, daß du ein Mensch bist, ähnlich wie ich und doch ungeheuerlich anders. Oft genug ist diese Tatsache allzu erschreckend für mich, ich fliehe entsetzt zurück in die für mich so bergende Verschlungenheit, wo meine Wünsche und Phantasien und Wahrnehmungen mir wie ein Zauberreich vorkommen, in dessen Mittelpunkt ich sitze und das ich mit der Kraft der Augen und der Stimme lenke. Aber dann gibt es eben doch die ruhigen Augenblicke, wo sich die Welt teilt in ein Hier und ein Dort, und im Dort wohnst du und im Hier wohne ich. Zum Glück können wir uns, so oft wir es wollen, besuchen, manchmal sind unsere Häuser Seite an Seite gebaut, ja, manchmal zaubern wir sogar die Wände weg und hausen in unserem gemeinsamen Festgemach. Du erfindest die herrlichsten Spiele, um diese Aufteilung der Welt in dich und mich zu versinnlichen und feenhaft zurückzunehmen. Wir stecken unter einer einzigen Decke und ersaufen fast in vorgeburtlicher Nähe, bis du entweder verschwindest, dann bin ich plötzlich allein in der dunklen Wärme; oder bis ich den Kopf ans Licht strecke, und doch fühle, daß nur mein Kopf draußen ist und mein Körper fest in deiner Nähe wurzelt. Aber immerhin, der Kopf ist draußen, und obwohl ich dich fühle, bist du nicht zu sehen, also bin ich mindestens zum Teil allein auf der Welt. Wenn dann dein Kopf auf der andren Seite der Decke erscheint, obwohl unsere Füße oder Hände unterirdisch noch verschlungen sind, dann wird es unabweislich, daß wir getrennt und gleichzeitig verwachsen sind. Manchmal zucke ich zurück unter die Decke, und manchmal verharre ich staunend und halte Ausschau über die ganze Breite der Decke hinweg, wie dein Gesicht auftaucht und verschwindet, als handle es sich um ein Gestirn, dessen Lauf ich nun nicht mehr bestimme, und das kein Teil meiner inneren Wirklichkeit mehr ist. Ach.

Manchmal sitze ich auf dem Schoß des Denkmals, und ich darf mit seinem weißen Bart spielen. Ich höre eine tiefe, brummende Stimme über mir. In meinem Körper entsteht ein eigenartiges Gefühl: ich weiß, ich muß mich anders bewegen als mit dir, vorsichtiger, fast andächtig, und ich stelle plötzlich etwas anderes dar, nicht das lebendige Kerlchen, sondern etwas Symbolisches, ich bin verwoben in einen anderen Geruch, in eine feierliche Steifheit, und in eine Welt von anderer Zeitdauer. Ich fühle mich winzig und bedeutend gleichzeitig, vor allem unter der Stimme und den langsamen, vorsichtigen Bewegungen, mit denen er mich hochhebt und wieder absetzt. Glücklicherweise bist du meistens dabei. Ohne dich wären mir die Aufenthalte auf seinem Schoß unheimlich, und ich wüßte nicht, wie ich mit dem Gefühl umgehen soll, auf seine feierliche Ansprache nicht recht antworten zu können. Gelegentlich hebt mich auch die Großmutter auf seinen Schoß. Ich glaube, er sagt, wenn er sich gemütlich hingesetzt und innerlich eingestimmt hat: »So, jetzt kannst du mir den Kleinen eine Weile geben.« Die beiden Frauen wissen dann, daß ein Zeremoniell beginnt, daß der Patriarch seinen Enkel berührt und nimmt, es kommt ihnen biblisch vor, und eigentlich fehlt ein romantischer Maler, um die Szene festzuhalten, die im Grunde eine Art täglicher Segnung ist, bei der sich Erhabenheit und Gänsehaut verbinden. Obwohl jedesmal wieder der Geruch fremdartig, bitter ist, sauge ich auch ihn gierig ein, er ist zusammengesetzt aus alten Büchern, uralten Kräutern, faltiger Haut, Tabak und Jenseitsduft, ein merkwürdiges Wort gewiß, doch mir scheint, der Geruch enthält bereits das Unumstößliche: er wird sich mir entziehen, bevor ich wirklich mit ihm reden kann, bevor er mich, außer mit seinen Händen, auch mit seinem riesigen Geist segnen kann, den alle bewundern. Seine Gestalt überragt alle Menschen, denen ich künftig begegne. Ich sehe ihn später noch einige Male bei kurzen Besuchen und bin nicht sicher, ob ich zwischen ihm und dem lieben Gott genau trennen kann.

Dann ereilt uns der schlimme Brief und bricht in unsere Idylle ein. Du bist verändert, blaß, ihr redet viel, es ist ein unruhiges Leben. Du schaust mich so intensiv und innig an, drückst mich jetzt öfter an dich. Ich weiß nicht, ob du schlecht schläfst oder ob ich schlecht schlafe, ich sehe dich oft an meinem Bett, alles ist geheimnisvoll aufgeregt. Ein Riß wird spürbar zwischen uns, den du plötzlich und hektisch mit heftigen Umarmungen verdeckst. Ich bin immer dem Weinen nahe, weil ich die Veränderungen nicht verstehe. Der Vater ist in eine andere Stadt verlegt worden, zu seiner Mutter. Äußerlich ist es jetzt möglich, die zerrissene Familie wieder zusammenzuführen. Mein erster Geburtstag naht, an dem ich übergeben werden soll. In deinem Gesicht wechseln tränenvolle Nähe und kühl werdende Ferne. Du bist unvermittelt in die Rolle einer Pflegerin zurückgestoßen worden. Ich bin wieder das Kind deiner Schwester, nicht mehr deines. Wir reißen unsere Seelen auseinander, es geschieht mit mir, ich kann es nicht fassen. Die vielen vielen Stellen, an denen wir zusammengewachsen waren, fangen plötzlich gleichzeitig an zu schmerzen. Manchmal sind wir wie betäubt. Ich leiste Widerstand, versuche dich zum alten Glück hin zu verführen, aber meine vertrauten und geübten Gesten erreichen dich nur noch selten, oder du antwortest ganz anders, als ich es gewohnt bin. Wo du früher lachtest, weinst du nun, oder du ziehst dein Gesicht zurück, so daß meine Hände ins Leere gehen. Du setzt mich häufiger unvermittelt ab. Du wirst unberechenbar. Niemand hilft uns beim Abschied, der dich genauso trifft wie mich. Du holst plötzlich wieder Bücher heraus und vertiefst dich darein, hörst weniger genau auf meine Zeichen, daß ich dich brauche. Ich brülle wie Menschen, denen man eine Droge entzieht. Du redest viel mit mir, und obwohl ich dich nicht verstehe, glaube ich dir nicht. Deine Stimme will mir etwas einreden. Ich höre zum ersten Mal in meinem Leben Propaganda. Du machst Propaganda für die Rückkehr. Ich will dich, und nicht Heimkehr.

Nein, dich, Mutter, kenne ich nicht. Nicht einmal *nicht mehr*. Einfach *nicht*. Von tief unten heraufhuschende Erinnerungen halte ich nieder. Ich schaue nicht hin. Ich lenke meine Gefühle weg von der Narbe, die in mir reißt wie bei einem gewaltigen Wettersturz. Ich weigere mich, dein Strahlen und Locken zu sehen. Warum soll ich mich in fremd gewordene Arme stürzen, in fremde Augen tauchen? Ich brülle auf deinem Arm nach Tina und sehe noch, wie dein Gesicht sich verdunkelt. Mag sein, daß ich dich erschreckt an den Tränen wiedererkenne. Um so mehr taumle ich voller Panik zu Tina zurück. Ich ziehe alle Register eines fuß-stampfenden Nein, lasse dich am Horizont verschwinden, lasse den Zug rückwärts fahren, halluziniere die Stadt und das Denkmal und den riesigen Tisch, an dem sie mich füttert und herzt. Nur nicht dies strenge Tränengesicht! Es verheißt Schmerz und Unheil, und dahinter lodert doch schmerzhafte Verlockung. Ab und zu überspielen mich Wogen der Erinnerung, die ich nicht niederhalten kann. Sie zerren mich auseinander, spalten mich, reißen Klüfte auf, zerbrechen Tinas halbwegs klares Bildnis, mit dem du übermalt wurdest wie ein abgeblättertes Fresko. Hinter dem festlichen Engel erscheint das vergrämte Madonnengesicht voll trauriger Auserwähltheit. Ich schwanke Tage und Wochen zwischen dem Engel und der Madonna.

Da der Engel abgerissen wird, wirst du, die Schmerzensmutter, immer wirklicher. Ich lebe mit dem verblaßten Fresko, versuche es zu restaurieren, aber immer wieder erscheint im Traum der Engel und überdeckt dich. Ich taumle verwirrt in eine Doppelreligion, schwanke zwischen der altertümlichen Erhabenheit deines Gesichts und dem sprühenden Antlitz des Engels. Ob ich will oder nicht: ich nehme deinen Ernst auf und deine Trauer, die schlimme Berufung, einen Krüppel zu pflegen, der dir noch nicht einmal ganz gehört. Ich nehme all das auf, was dich aufrechterhält: Haltung, Verzicht, Gott. Teile des Engels verwesen. Unter vielen Konvulsionen ändere ich, änderst du, die Blutgruppe meiner Seele.

Wir haben eine düstere Zeit zusammen. In dem fast fremden verwandtschaftlichen Haus, das für dich wenig gastlich ist, mußt du dafür sorgen, daß ich nicht allzusehr störe bei der mühseligen Genesung des Vaters. Er ist dir weggenommen. Du bist geduldet, mußt vielleicht sogar den stummen Vorwurf tragen, du habest die Gesundheit des Vaters nicht fürsorglich genug gehütet und du seist mit schuld an seiner Erkrankung. Deine Kompetenz ist in Frage gestellt: die pflegende und die mütterliche. Du gehst viel mit mir spazieren, aber die Macht, dein Leben zu gestalten, ist dir entwunden. Du beginnst meine Erziehung im Exil, und nicht nach deiner Freude und deinen Grundsätzen, sondern unter strenger Beobachtung und steter Einmischung. Du mußt ganz tief in deinem Stolz und deinem Streben nach Selbständigkeit getroffen sein, da du durchzusetzen vermagst, daß ihr auszieht aus dem Haus der Mutter des Vaters zu entfernteren Verwandten, wo du wieder für das Haus, für Genesung und Erziehung sorgst. Du lernst das Leiten und Einteilen, entfaltest dich in der Not zum Familienoberhaupt, legst viele deiner zarteren anlehnungsbedürftigen Seiten still. Du hast nun zwei schwierige, anspruchsvolle Kinder, die miteinander noch wenig anfangen können.

Es ist jetzt nicht wunderbar, sondern eher bedrohlich, daß ich laufen kann. Der Vater muß geschützt werden vor mir. Dein Charakter entfaltet sich hin zum Ertragen, Planen, Fürsorgen, Aushalten. Du nimmst es auf dich wie eine Berufung und Bewährung. Du verbietest dir das

Weinen, da du niemanden hast, der dich trösten könnte. So lange darfst du nicht weinen, daß du es verlernst für dein ganzes Leben. Später versuchst du, es auch mir abzugewöhnen, mit einem immer wieder gezeigten Bild aus einem Kinderbuch: Heulpeterle, den sieben kleine Zwerge auslachen, weil er weint. Du hast das schrecklich wirksame Mittel der Beschämung entdeckt, das früher sicher auch gegen dich verwandt wurde. Du mußt dich und die Familie im Gleichgewicht halten und kannst nicht wählerisch sein in den Mitteln. Du findest so wenig Trost, daß du dir später auch nicht mehr vorstellen kannst, ich könnte dich trösten oder verstehen. Du wirst stolz und einsam, und erst auf riesigen Umwegen erreiche ich dein Inneres wieder.

Ich glaube, um dem Vater treu zu bleiben, tilgst du manchen Zustand der Freude, der Ausgelassenheit und Überschwenglichkeit aus deinem Leben, soweit sie dir je zugänglich wurden. Keiner führt dich jetzt mehr in die Richtung noch unerprobter Gefühle. Du grenzt dich ab von allem, was du leichtfertig und leichtlebig nennst. Manches innere Gesetz, das sich gelokkert hätte unter glücklicheren Umständen, gewinnt wieder eiserne Kraft und gibt dir Halt. Dein Blick ruht oft auf dem nach innen genommenen Denkmal. Wie dem Körper des Vaters wird auch deinem Körper Leben entzogen. Du legst ihn still und weißt mich abzuwehren, so daß auch ich ihn nicht wecken kann. Du läßt ihn ein wenig absterben, entziehst ihm Empfindsamkeit und Freude. Verglichen mit Tina ist er eine fast unbelebte Landschaft. Mein Dialog mit dir wird jetzt scheu und holprig. Zwischen uns erlischt kaum gelebtes Leben. Deines wird klösterlich, meines karg. Ich kann wenig tun, um dein Dasein aufzuhellen. Oft bin ich, das spüre ich, ebensoviel Last wie Freude. Wir sind eine wieder vereinigte gebrochene Familie.

Welch ein grotesker Tag: mein erster Geburtstag. Der rote Teppich ist ausgerollt für die Zeremonie der Wiedervereinigung und der Freude. Aber über dem Vater schwebt noch das ärztliche Verdikt, er werde sich nie mehr erheben. Ihr versammelt euch alle um mich, oder wir versammeln uns in kurzen Momenten um das Krankenbett. Ihr wollt mir Freude bereiten, aber ich spüre, daß ihr nicht fröhlich seid, sondern voller Angst. Der Krieg hat begonnen, und für euch Eltern das tastende Leben nach der Katastrophe, die in winzigen Schritten abklingt: das Leben *nach* der Verstümmelung. Du, Vater, begrüßt mich einäugig und mit einer einzigen matten Bewegung der Hände. Du, Mutter, trägst an vielem schwer, aber sicher schwer an der Enttäuschung, daß ich dich nicht wiedererkennen will. Du, Tina, lieferst mich schweren Herzens ab in einer Familie mit ungewisser Zukunft. Die Gefühle aller sind zerrissen, und im Schein der Geburtstagskerzen lassen sich die Tränen nicht verbergen. Sie trocknen erst im Gebet und beim Singen, und daß Gebet und Singen sie trocknen, verbindet euch für lange mit diesem Trost der Religion. Keinen von uns trägt mehr die Erde sicher. Der Versuch, gemeinsam zu überleben, schließt uns zusammen. Eine fundamentale Treue bildet sich, die zu wechselseitiger Identifizierung zwingt und uns oft hindert, spätere Konflikte untereinander beherzt auszutragen. Wir sind zu eng verkettet im Exil, um aneinander zu reifen. Wo die Erde nicht sicher trägt, hilft nur ein enger Zusammenschluß, trotz mancherlei Unversöhnlichkeit der Temperamente.

Ich habe versucht, diesen engen Zusammenschluß zu verlassen, ohne ihn zu verstehen. Ich habe einen Beruf des Verstehens gewählt und dennoch versucht, diesem ersten Jahr zu entgehen und mich an seinen Abgründen vorbeizustehlen. Die Zerrissenheit hat mich begleitet, und tiefe Brüche in Beziehungen sind immer dann aufgebrochen, wenn ich hoffte, mich in einem Glück, das euer und mein frühes Schicksal nicht einbezog, geruhsam einrichten zu können. Die Schlaflosigkeit hat mich zu euch zurückgebracht, und dann fand ich Menschen, die mich hinter diesen ersten Geburtstag zurückbegleitet haben. Und also fühle ich mich euch nahe an meinem achtunddreißigsten Geburtstag.

Vater, du bist gegenwärtig als der Stöhnende. An dir lerne ich unzählige Variationen des Stöhnens unterscheiden: das schlimme, herzzerreißende, wenn sie dich umbetten, die Verbände wechseln, dich waschen; das minder schlimme, wenn dich nur die Wunden schmerzen, wenn du nicht schlafen kannst; das mehr aus der Seele als aus dem Körper kommende, wenn dich Hoffnungslosigkeit anfällt, oder auch nur der Biß der zusammengesunkenen Hoffnungen. Ich höre dein Stöhnen mit Schaudern, Andacht und Wut. Denn du bist ein trauriges Heiligtum, das ich nicht betreten und berühren darf. Immer wieder fangen sie mich ab, wenn ich zu dir stürzen will. Sie belauern mich, weil sie wissen, ich verstehe die Gebote und Verbote um dich herum noch nicht, oder ich mißachte sie, weil der Hunger nach dir größer ist. Du bist da und doch nicht da. Wie soll ich wirklich glauben, daß es dich gibt, da ich es mit den Händen und dem Rest des Körpers nicht überprüfen kann. Ich überprüfe die Wirklichkeit aller Personen, die um mich sind, mit den Händen, den Füßen, dem Kopf, der Nase, ja, mit dem Bauch, wenn ich mich an sie lehne, oder mit dem Hintern, wenn ich auf ihnen sitze oder throne, nicht zu vergessen die Zähne, mit denen ich zubeiße. Ich spüre die Antworten ihres Körpers, aber deine spüre ich nicht. Ab und zu halten sie mich so in deine Nähe, daß *du* mich anfassen, streicheln kannst, aber meine Hände sind selten frei, dich zu

betasten und zu streicheln. Alle haben Angst
vor meinem Bewegungsdrang, vor meiner Gier,
dich anzufassen. Du am meisten, ich bin dir
unheimlich, ich, dein Sohn, kaum mehr als ein
Jahr alt. Ganz wird dies nie, nie mehr verschwinden, daß ich dir unheimlich bin, und du
mir unwirklich, du Augen- und Ohrenvater
ohne Leib. Ich möchte euch anschreien, ihr
pflegenden, das traurige Heiligtum schützenden
Frauen: baut mir endlich einen Kran, mit dem
ich mich hinüberschwenken kann, um wenigstens seinem weniger gefährdeten Oberkörper,
seinem Kopf nahe zu sein. Baut ruhig Gitter
und Schutzvorrichtungen, damit ich seine ka-
putten Beine und Hüften nicht anfassen kann,
sperrt mich ein auf dem Kran, aber laßt mich
hinüberschwenken zum Gesicht. Ich verspre-
che euch, ich werde meine Finger nicht dorthin
strecken, wo das Auge fehlt.

Sie geben dir die Nahrung ein, während ich
gerade lerne, einen Löffel zu handhaben oder
Brei vom hingehaltenen Löffel zu essen. Meist
liegst du oder wirst getragen. Wenn du versuchst, aufzustehen und die riesigen Krücken

zu nehmen, muß ich in die Ecke gehen und werde festgehalten. Die Frauen stehen um dich herum, um dich aufzufangen, solltest du fallen. Das Stöhnen wird heftiger, aber eines Tages hältst du dich wieder mit zwei Krücken auf zwei Beinen. Du machst deine ersten Schritte wie ich vor wenigen Monaten. Ich schaue zu, wie du wiederauferstehst. In dein Auge kommt ab und zu ein Leuchten. Im Hause löst sich die dumpfe Beklemmung. Ich verstehe den Satz nicht, aber er kommt immer wieder: »Er ist über den Berg.« Es breitet sich Hoffnung aus, daß das Leben mit dir und uns weitergeht. Es kommt der Tag, wo sie dich nicht mehr zu zweit auf die Beine stellen müssen, wo du es mit stöhnendem, fast schreiendem Ruck selbst schaffst. Wir zwei junge Männer stehen einander gegenüber, reden können wir noch nicht. Ich schaue und schaue, ahne die Zerbrechlichkeit deines Stehens, das so anders ist als meines. Ich ahne, daß du nicht umfallen darfst, wie ich es Dutzende Male am Tage tue, lachend oder plärrend. Du mußt stehen bleiben, sonst ist alles wieder vorbei. Die Gefahr droht jetzt den Krücken. Wenn ich dagegen laufe oder trete, bist du verloren. Es ist ungeheuerlich: dein

Leben ist in meiner Hand. Wenn du, einige Monate später, wieder, wenn auch rückwärts und unter vielen Verrenkungen, eine Treppe hinunter gehen kannst, gehe ich einige Meter hinter oder vor dir, fast instinktiv, damit meine Wut über deine Gebrechlichkeit nicht uns beiden einen schrecklichen Streich spielt. Ich spüre wohl, wie der Teufel mir zuflüstert: schaff ihn beiseite, ohne ihn ist dein Leben angenehmer. Ich darf nicht hinhören. Aber ich will auch aus der Mördergrube kein reines Herz machen. Du bist mein Freund und mein Feind, und es dauert nicht lange, bis mir die Frauen den Zusammenhang deutlich gemacht haben: wenn ich dir eine Krücke wegschlage, bin ich der einzige Mann, der zurückbleibt. Vielleicht tönt es in der Mördergrube auch verlockend: wenn er nicht da ist, komme ich zu Tina. Ich fange an, dich zu lieben, aber ich habe Angst vor meinen Gefühlen.

Nur ganz langsam lernen es die Frauen, mich ab und zu so in deine Nähe zu halten, daß ich deine Hände greifen kann. Du spielst dann auf eine verschämt innige Weise mit mir: gibst mir den Daumen oder den Zeigefinger, an denen ich mich festkralle; oder du nimmst meine Hand und patschst und küßt sie, so wie ich es dich später mit den jüngeren Geschwistern habe tun sehen. Du bist ein wenig unbeholfen. Mir hat es nichts ausgemacht. Schlimm ist nur, daß du dich schämst und meinst, du taugtest nicht für mich. Die Isolierung und die Lähmung haben allzu tiefe Zweifel in dich gesenkt. Und es kommt hinzu, daß wir nie allein sind, mindestens ein Jahr nicht, denke ich, es ist die endlos lange Zeit, wo wir einen Aufpasser brauchen, eine Person, die uns schützt vor dem, was Schlimmes zwischen uns passieren könnte. So sind wir nie ganz vertraut zusammen. Du entfaltest mit mir nicht deine wirkliche Fähigkeit und Neigung zur Nähe. Du traust dich nicht, die naive Verliebtheit von früher aufsteigen zu lassen, fühlst dich beobachtet, spielst ein wenig Theater, kannst eine verlegene Scheu nie, nie mehr durchbrechen. Wir gehören uns nicht. Unsere Beziehung ist öffentlich und also gebremst und vieler Nuancen und Untertöne beraubt. Lieber Vater, wir leben zusammen ohne Intimität. Nur deine Stimme verrät manche Schwingung der Seele, aber in deinem einen Auge vermag ich schlecht zu lesen, du weißt, ich lerne nie zu unterscheiden, welches Auge gläsern ist und welches in dich hineinführt. Ich tauche nie hinein, weil du mich allein lange Zeit nicht halten kannst. Die Frauen beenden nach ihrer Laune und Willkür unsere Spiel- und Begegnungsminuten. Ich kann dich nicht ergründen, und du ergründest mich nicht. Immer seltener überschreite ich die Schwelle berauschender Nähe zu dir. Das Band zwischen uns ist unpräzis, bunt nur aus verwischten Farben ohne die Leuchtkraft der Körper- und Augennähe. Nie kann ich aus eigenem Willen bestimmen, wann ich zu dir komme und wann du wieder im Nebel der Krankheit verschwindest. Du bietest wenig Schutz vor den Frauen. Wir müssen uns beide begnügen mit einer kaum *halb* gelebten Zuneigung.

Vater, laß mich eines von den vielen Kleine-Buben-Wunschbildern zeichnen, hinter denen ich dich suche, du trauliches Riesentier-Ungeheuer: Arschbacken sollst du haben, daß mir Hören und Sehen vergeht; dröhnende Fürze sollst du fahren lassen können, am besten, wenn ich mir es gerade wünsche oder gar meinen Spielkameraden vorführen möchte; rülpsen sollst du wie ein Dinosaurier, auch wenn die Mutter die Stirn runzelt; niesen sollst du, daß die Erde bebt, oder daß zumindest die Scheiben an der Dorfstraße klirren. Und dein Gelächter soll ein wenig die täglich vertraute Welt aus den Angeln heben, weiß du, du lachst so laut und ausgelassen, daß so manches dumpfe Gewölbe des Ernstes, der Verklemmtheit, ja der unterwürfigen Gottesfurcht einstürzt und ein Raum der Freiheit entsteht, den du beherrschst und öffnest. Ich darf dir, so wuchtig ich kann, auf den Bizeps hauen, und er springt nur noch ein wenig kugeliger unter den kurzen Hemdsärmeln hervor. Ich darf dir gegen die Brust trommeln, und du läßt einen tiefen Brummton aus deiner mächtigen Lunge dringen, der durch meine Fäuste in eine Staccato-Sinfonie umgearbeitet wird, und auf deinem Gesicht liegt ein breites Strahlen, weil wir zusammen diese Sinfonie für zwei Kinderfäuste, Brustpauke und väterlichen Adamsapfel komponiert und uraufgeführt haben und dann viele Male wiederholten. Nach dem Konzert schlafe ich auf deiner Brust ein, die Arme um deinen Hals geschlungen. Dein großer Atem trägt mich auf und ab, und es macht mir nichts, wenn du dabei Zeitung

liest oder ein gewichtiges Buch, weil ich ahne,
daß du mich später in deine Weltkenntnis ein-
weihst oder dich vorbereitest auf die Zeit, in der
ich dich mit tausend Fragen verfolgen werde.
Irgendwann übergibst du mich der Mutter, die
mich ins Bett befördern will. Ich esse noch ein
wenig von der süßen Zahnpasta. Du sagst adieu
und gehst zu deinen Freunden, von denen du
viele hast, und winkst, und ich weiß, daß wir
noch andere Sinfonien komponieren werden,
und schlafe ein unter dem Traumdach deiner
riesigen Nase.

Du bist ein Freund des Schabernacks und ahnst
in mir den künftigen Schelm, Wunschvater. Du
wirfst mich in die Luft, daß mir Hören und
Sehen vergeht. Es ist schön, deinen starken und
geschickten Armen zu trauen. Du schleuderst
mich so, daß ich einen Schraubensalto mache.
Noch im Flug krampft sich alles zusammen, an
den Augen saust der Himmel vorbei und die
Bäume und die Wiese, dann orte ich wieder
dein lachendes Gesicht und sehe die Fangarme
mir zur Landung entgegengestreckt. Ich gröle,
so laut ich kann, um mit der riesigen Aufregung

des Wiedereintritts in den Raum deiner Körper-
kräfte fertig zu werden. Beim Schraubensalto
stöhnt die Mutter immer, und wir blitzen uns
an aus Schelmenaugen, weil es uns auch gefällt,
wenn es sie graust vor dem, was wir kühnen
Männer machen.

Wenn ich mehr in Erdnähe bei dir bin, sitze ich
manchmal auf deinem Fuß, den du, wie um
mich abzuwerfen, hin und her wendest. Wenn
ich mich richtig festgeklammert habe, machst
du ein Geräusch, von dem ich weiß, daß der
Fuß gleich wie ein Katapult in die Höhe fährt.
Ich schreie ganz verschieden bei unserer
freundschaftlichen Akrobatik, je nachdem, wie
tief und an welcher Stelle mir die Angstlust in
den Körper fährt.

Väterchen, wenn ich dir auf dem Oberschenkel
sitze und ihn mit beiden Beinen umklammere
wie ein Kosakenoberst sein Pferd, und du
machst: hoppe, hoppe Reiter mit mir, bin ich
der wilde Reiter und dein Sohn. Ich reite in die
Welt hinaus, vorausgesetzt, ich spüre deinen
Bauch in meinem Rücken. Leider falle ich ab
und zu vom Pferd, lande aber in einer deiner
Hände; falle vielleicht öfter vom Pferd als nötig,
weil ich diesen seitlichen Fall in deine Hand, bei

dem ich mit gespieltem Entsetzen meine Arme in die Luft werfe, über alles liebe.

Manchmal hast du einen dichten Pelz von Haaren auf der Brust, in die ich mich verkralle oder in die ich mich kuschle. Du bist dann ein riesiger Teddybär, auf dessen Herzschlag ich lausche. Dein Bauch und deine Brust sind voller Geheimnisse. Wenn es in deinen Därmen gurgelt, werde ich ganz andächtig. Pompöse Dinge scheinen sich dort abzuspielen, möglicherweise hast du einen Zoo im Bauch. Es klingt wie bei den Kühen und Stieren, wenn sie wiederkäuen, du Vaterelefant mit dem riesigen Rüsselschwanz, man weiß ja nicht, wo vorne und hinten und unten und oben ist. Wenn ich dir auf der Brust sitze, bin ich größer als du. Wenn du über mir stehst, reiche ich knapp übers Knie, und ganz weit oben verlierst du dich in dem Kronleuchter, den du wie einen Hut auf dem Kopf hast.

Manchmal machst du Ansätze, mich zu fressen. Urlaute der Gier stößt du aus, und dein Riesenmaul geht auf und zu. Mein Fuß geht fast ganz in deinen Rachen, die Wade beißt du an, als

wären es Froschschenkel, und wenn du deine
Zähne in meine Arschbacken haust, muß ich
lachen, weil deine Schnurrbarthaare mir bis
nahe ans Poloch fahren. Dann wieder bläst du
mir heiße Luft auf den Bauch oder durch die
Zehen, daß mir ganz schwül und wehsam wird,
und dann knabberst du schnell an meinen Ohren, bis ich wieder kichere und ich dir die
deinen wie einen Lichtschalter umdrehe. Deine
Freude an mir macht dich erfinderisch in solchen heiteren oder gruseligen Lustbarkeiten, du
Brumm- und Fauchlöwe mit deiner schwarzen
Haarmähne, in die ich mich verkralle, wenn ich
triumphierend auf deiner Schulter sitze.
Bei den Gewittern deines Zorns pinkle ich
manchmal vor Angst in die Hosen, obwohl ich
nie an deiner Zuneigung zweifle. An deinem
»Nein« scheitere ich mit meinem ganzen Ver-
handlungstalent, mit dem ich andere gelegentlich um den Finger wickle. Vor Wut träume ich
dann, wie ich dich an die Wand klatsche wie
einen Putzlappen, wenn ich später einmal der
größte bin; oder dich fälle wie einen Mammut-
baum in dem Bilderbuch über Amerika, das du
zuweilen mit mir anschaust. Gott sei Dank
drehst du nicht gleich durch, wenn ich dich mal,

so fest ich kann, ans Schienbein trete, schließlich sollst du spüren, was in mir los ist, du unbelehrbares Rhinozeros, dessen Sturheit und Gradheit und Sicherheit ich doch bewundere. Dich zu hassen, ist nicht so schlimm, wie die Mutter zu hassen, du hältst das besser aus und hantierst nicht mit Gottes Traurigkeit und anderen erpresserischen Mitteln herum. Eigentlich läßt du dich überhaupt nicht einschüchtern vom lieben Gott. Manchmal denke ich, oder träume davon, daß du gelegentlich einen mit ihm trinken gehst, Wunschvater. Nicht alle Dinge, die bei der Mutter verboten sind, sind auch bei dir so streng verboten, obwohl ihr euch in den grundsätzlichen Dingen einig seid. Aber wenn ich mal eine Katze am Schwanz ziehe, denkst du nicht gleich, ich sei ein verderbtes Kind. Du sagst es nicht, aber ich glaube, du hast auch Katzen am Schwanz gezogen, was auch immer das heißen mag.

Deine wuchtige Gegenwart, Tag für Tag, ist wichtig. Ich hasse und ich liebe dich, wenn du die Mutter umarmst. Du nimmst sie mir weg, aber du gibst sie mir verändert wieder, Zauberer, Hexenmeister. Es ist also irgendwie Unsinn, wenn ich versuche, mich so an sie zu klammern, daß du sie nicht haben kannst, solange ich wach bin. Denn erstens bist du erfinderisch, mich abzulenken, und zweitens kann ich ja überhaupt nichts tun gegen alles, was ihr zusammen unternehmt, wenn ihr mich ins Bett gesteckt habt. Was glaubst du, warum ich so viel Zahnpasta esse und so lange zetere und darum kämpfe, daß die Tür einen Spalt offen bleibt? Wenigstens mit einem Ohr und mit einem halben Auge will ich bei euch sein und die Nähe zwischen euch liebevoll eifersüchtig überwachen. Ach Alter, ich muß dich aufteilen zwischen mir und ihr, und sie zwischen dir und mir, und mich zwischen ihr und dir. Eine verwirrende Grammatik der Gefühle. Manchmal wünsche ich euch beide zum Teufel, dann wieder mich, wenn ich euch so glücklich sehe ohne mein Dazwischentreten.

Wie soll ich damit umgehen, daß die Mutter manchmal nach dir riecht und du nach der Mutter, Schurke? Die frühreifen Wahrnehmungen meiner Sinne kann ich kaum verarbeiten. Am wohlsten ist mir, wenn ich fühlen kann: wir alle sind verliebt ineinander, und das wäre stärker als alle Klüfte und Brüche. Mit Schmerzen gebrauche ich den Konjunktiv, den Musterfall des Unwirklichen. Weißt du, daß ich im zweiten Jahr leider schon den Konjunktiv beherrsche, oder wenigstens erahne, Konjunktiv-Väterchen, krankes? Hätte, wäre! Du, wirklicher Vater, stöhnst und lernst gehen. Ich bin verliebt in deine Krücken, weil ich dich so sehr mag und die Krücken, die ich manchmal anfassen darf, quasi Außenposten deiner schwer zugänglichen Existenz sind. Wenn du mittags schläfst, streichle ich oft heimlich die Krücken und versuche, mich mit ihnen zurechtzufinden. Weil ich dir ähnlich sein will, versuche ich, mit Krücken zu gehen; sie sind mir ein Zeichen deiner Größe und Auserwähltheit. Ich taumle vor Glück, wenn ich in deinen Schuhen und mit deinen Stöcken über den Flur komme. Steife Beine haben, viele Wunden und Schmerzen, leiden und wieder leiden, das bist du, und das finde ich großartig, weil ich es brauche, dich anstaunen zu können, zu lieben und großartig zu finden. Bald werde ich im Kindergarten angeben mit dir: mein Vater hat aber ein Glasauge und achtzehn lange Schnitte am Arsch, da war Eiter drin und Gift. Und zum Gehen hat er zwei Stöcke, und wir haben ein dreirädriges Fahrzeug, das mit Armeskraft bewegt wird, ätsch, und ich kann hinten drauf stehen oder vorne zwischen seinen Beinen sitzen, ätsch. Ihr habt Kühe und Pferde und vielleicht einen Traktor, ich habe einen Vater mit einem Dreiradwagen, einem Glasauge und Krücken. Und außerdem weiß er mehr als eurer. Das wäre nicht gelogen, Väterchen, dein Kopf ist wirklich wundervoll mit der angelesenen Weltkenntnis der Sehnsucht. Du kennst die Atlanten in- und auswendig, kannst mir später genau sagen, wo der Indus und der Bramaputra zusammenfließen, als wärst du dortgewesen. Ich finde immer Gründe, dich anzustaunen, so wie ich später Gründe finden werde, dich zu verachten, und jetzt Wege suche, dich zu verstehen.

Die Büroarbeit macht dich ziemlich fertig, du kannst ja deinem alten Beruf nicht mehr nachgehen, sondern bist froh, daß dich jemand bei sich arbeiten läßt, rackerst dich ab für uns. Wenn ich mir um die Stunde deiner Heimkehr die Nase am Fenster plattdrücke, gibt es oft Tränen, weil du schwer zurückfindest von deinem ermüdenden Arbeitsplatz zu meiner Begeisterung über deine Rückkehr. Wenn du mittags da bist, muß ich leise sein, damit du wieder zu Kräften kommst für den Betrieb. Aber laß heute einmal Sonntag sein und laß die quälenden Gottesdienstvorbereitungen noch in weiter Ferne. Da krieche ich zu dir, noch halb benommen von der Nacht, ins Bett und schlafe erst einmal an deiner Seite weiter. Ich erwache, weil ich deine Hand auf meinem Kopf spüre, oder weil du auch noch einen kleinen Schnarcher gemacht hast, und dann beginnt die Erforschung des der Länge lang daliegenden Riesen. Ich weiß, ich muß vorsichtig sein. Du erklärst mir, warum du nur auf dem Rücken schlafen kannst, und warum sie dir die steifen Knie nicht anders zusammenflicken konnten, warum sie auf ewig ein wenig geknickt sind und du eine Tuchrolle brauchst, zum Darunterschieben. Atemlos höre ich dir zu und fühle mich endlich eingeweiht in manches gruselige Geheimnis, das sonst dumpf in mir gearbeitet hätte. Auch so gibt es noch genug zu grübeln und zu denken. Aber es erleichtert mich, daß du endlich sprichst und damit ein Tabu aufhebst: die sichtbare, aber nie vermenschlicht in Worte gebrachte Behinderung, die Urzeit der Verstümmelung. Da dich die Narben kitzeln, darf ich ihnen nur aus sicherem Abstand mit dem Finger nachfahren, obwohl es mich viel Anstrengung und Verzicht kostet, dich nicht zu berühren und die Furchen zu ertasten. Du erklärst mir die Landschaft der Schnitte und die Art deiner Schmerzen, wenn sich das Wetter ändert. Du zeigst mir, welche Bewegung du noch auszuführen vermagst und welche nicht. Ich probiere, verwirrt vor Staunen, deine Bewegungen und Körperhaltungen aus, um mich so in deinen Leib hineinzufühlen. Es gelingt mir nie, die Knie steif zu halten. Aber ich weiß jetzt so viel besser Bescheid, wenn ich dir helfe, die Schuhe auszuziehen und deine Beine auf den Wiegebock hochzulegen, wenn du abends liest oder am Radio sitzt. Ich lerne, deine Beine zu handhaben wie die Bauern eine schwere Wagendeichsel. Da du dich nicht gut zur Seite drehen kannst im Bett, können wir uns nie richtig in die Augen sehen, außer ich würde mich über dich knien, aber daran hindert mich die Scheu und auch das Wissen, daß du dich unsicher fühlst mit dem einen Auge. Aber es ist schon viel, daß ich endlich nahe bei dir liege und dich über deinen Körper sprechen höre. Es ist eine Art Fernstudium deiner leiblichen Architektur, das wir zusammen betreiben. Um den zerbrechlichen Bau ist ein Zaun gezogen: Einsturzgefahr. Aber endlich zeigst du mir alles, aus dem notwendigen Sicherheitsabstand.

Im zweiten Jahr kann ich noch nicht einmal mit dir allein spazieren gehen, weil du beide Arme brauchst für die Krücken oder Stöcke und jemand mich doch halten muß, oder weil ich mich oft festhalten möchte an dir oder den Krücken. Später machen wir viele Spaziergänge zusammen in den Wald, weil ich allein gehen kann und du außerdem vorübergehend auch mit einem Stock auskommst und du mir, oder ich dir, die stützende Hand geben kannst, wenn es über Gräben geht oder Baumstämme. Denn du hast einen zähen Ehrgeiz, aus deinem Körper wieder die erstaunlichsten Bewegungen herauszuholen. Es dauert lange, bis ich besser über Gräben und Baumstämme komme als du, versehrter Akrobat.

Also, es ist ein ganz seltener, früher Sonntagvormittag, wir sind allein, und du läßt mich dein Gesicht erforschen, und so lange anschauen, wie ich will. Ich bin ergriffen vom Reichtum

deiner Fältchen. Du kannst die Stirn krauszie-
hen und wieder glätten und unerhörte Fratzen
schneiden, daß ich manchmal richtig froh bin,
wenn das altvertraute Gesicht zurückkehrt, obwohl es mich bei den Fratzen wohlig gruselt.
Die Rückkehr zum alten Gesicht ist so wichtig,
weil es mit dem einen Auge nie eine volle
Sicherheit des Blicks vermittelt. So ein seltener
Sonntagvormittag reicht gar nicht aus, um dich
ganz aus deiner Fremdheit herauszuholen. Wir
brauchten viele solche Morgen. Es ist anstrengend, dich zu entdecken. Du bist dir selbst ein
wenig verborgen oder verlorengegangen in der
Krankheit. Ich hätte dir öfter helfen sollen,
zurückzukehren zu mir.

Du läßt mich jetzt manchmal bei dir liegen,
solange ich es will. Es ist anders als mit der
Mutter oder mit Tina. Du mußt mich nicht
halten oder neu formen, wenn ich zerfließe,
sondern schützend, wenn die vorsichtig sich
bildende innere Form der Windstille bedarf,
hinter deinem breiten Rücken oder unter deiner
Brust einen Raum gewähren. Dann brauche ich
kaum Kräfte, um mich gegen das Draußen zu

verteidigen, und kann alles dem Wachstum zu-
wenden. Du umgibst mich dann wie ein Treib-
haus der Ruhe und der Kraft, in dem ich mich
aufrichte und immer neue Triebe und Verstre-
bungen bilde. Es knackt und knistert dann ganz
leise in mir, als ob aus noch weichem Holz sich
Äste und Zweige formten. Ich kann dir nur
schwer vermitteln, wie es innerlich in mir in
deinem Schatten arbeitet. Ich liege weich und
ausgestreckt. Du überläßt es mir, mich selbst
auszubrüten, und ab und zu baue ich ein kraft-
volles oder verstehendes Wort von dir ein. Keiner wird es später mehr sehen, und doch gibt es
Halt und Zuversicht. Seltsam, daß sich so mitten im Weichen Festes bildet. Du selbst hast
weiche Gefühle, ich höre es an deiner Stimme.
Wie ist das nun, einen Sohn auszubrüten, Alter?
Brüte ich dabei einen Vater aus? Ich brauche es
sehr, dir wertvoll zu sein. Über Nacht schon
können mich die Zweifel überfallen, und dann
stürzt manches wieder ein. Deshalb brauche ich
deine Windstille wieder. Laß dich nicht täu-
schen, wenn ich zwischendurch viel Wind mache, oder Sturm. Ich komme zurück an deine
ausladenden Rippen, an deinen Brust- und
Brutkasten. Manchmal gurgeln auch meine Ge-

därme, wenn ich bei dir liege. An meiner volleren Stimme spüren wir, daß ich zunehme wie der Mond bei der regelmäßigen Wiederkehr des größeren Gestirns. Meine Träume werden gelassener.

Wenn du mich auf einige deiner Reisen mitnähmst und mir die Welt und die rätselhaften Frauen erklären würdest. Du würdest mir manches an der Mutter, den Tanten, Kindergärtnerinnen und Lehrerinnen, auch den Bauersfrauen deuten, was mich, in meinem Unverstand, beunruhigt. An dir würde ich spüren, daß ein Teil der Welt beherrschbar ist, und daß ich selbst, mit eigenen Kräften, dieses Beherrschen später ausbauen kann. Das Hinnehmen wäre dann leichter, und das Sich-Fügen. Du, wirklicher Vater, hast dich zu vielem fügen müssen. Mir wird schlecht, wenn ich mir das Ausmaß deines Sich-Fügens vergegenwärtige. Ich habe Angst, dich da zum Vorbild zu nehmen, obwohl ich den Humor bewundere, der dich am Rande des Abgrunds gehalten hat. Aber du mußt auch *mich* verstehen: wie gern hätte ich manchmal gespürt, daß du dich aufbäumst und dich *nicht* nur fügst, daß du Widerstand leistest, Positionen der

Verteidigung einnimmst, sogar angreifst. Väterchen, *meine* Kräfte hätten nicht ausgereicht, dein Los zu ertragen. Ich bin fast sicher, ich hätte mich davongestohlen. Wie sollte ein Wenigjähriger verstehen, wieviel Kraft dich das Überleben gekostet hat? Mich überkommt immer eine Gänsehaut bei den Worten: Entsagung, Verzicht, Durchhalten; alles Tugenden, mit denen du mich und uns durchgebracht hast. In der Naturkunde haben wir vom Generationswechsel der Pflanzen und mancher Tiere gehört. Auf eine glanzvollere Phase folgt eine solche der scheinbaren Verkümmerung, der Regeneration. Die Großväter und die Enkel gleichen sich mehr als die Väter und die Söhne. Ich möchte nicht, daß es dich mit Bitterkeit erfüllt. Oder was kann ich tun, um deinen Schmerz zu mildern? Wenn wir heute zusammen durch eine Stadt gehen, ist klar, daß wir zusammengehören und uns mögen. Doch wir spüren beide auch das versäumte gemeinsame Leben. Zwischen unseren Augen ist Abendrot; Augenblicke, die die Qual des nichtgelebten Lebens mildern. Wir ahnen, was hätte sein können. Um dich wirklich zu erreichen, muß ich dir alles aufschreiben. Und also erreiche ich dich nicht wirklich.

Klapperpost. Du hast Gefühle, ich habe Gefühle. Sie konnten zusammen nicht kommen. Immerhin ist wichtig zu wissen, daß sie zusammengehörten, wenn sie auch getrennt fühlten. Der ganze Grüne Heinrich handelt davon: zusammengehören und getrennt fühlen. Bleibt nur: Maler zu werden oder Schreiber.

Du hättest mir auf einer deiner Reisen erklärt, was euch, was Mann und Frau zusammenhält, wenn es nicht Konventionen sind oder die eisernen Regeln der Zusammengehörigkeit, nach denen es kein Scheitern geben darf, nur ein Durchhalten, ohne viel reden, höchstens das Reden mit Gott.

Noch nie bin ich voll schwarzer Lauge zu dir gekommen, der Weg war einfach zu weit zu dir. Du hast mich also überhaupt noch nie außer Fassung erlebt, und ich weiß nicht einmal, wie du damit umgehen würdest. Hätte ich dich angesteckt? Wäre auch bei dir die Panik ausgebrochen? Hättest du versucht, mit mir zu beten? Fändest du den Mut, mich fest in den Arm zu nehmen? Was müßte passieren, damit du das tust, einmal abgesehen von deiner Behinderung? Vielleicht auch konnte ich dir nur nicht erklären, was in mir los war. Vielleicht hättest du Reserven des Trostes gehabt? Du hast nicht gewußt, wie sehr ich dich brauche, fingst an, dich als Vater für unbrauchbar zu halten. Du bist durch eine entsetzliche Zeit gegangen, in der du mit deinem Körper Ekel hervorgerufen hast, sogar bei deinen Allernächsten, nur bei deiner Mutter nicht. Du hast deinen Körper für nicht mehr tauglich gehalten, mich seelisch zu nähren. Ich brauche ihn aber, und ich könnte dir sogar ein Gefühl der Tauglichkeit, vielleicht, zurückschenken, wenn einmal, oder mehrmals, ganz deutlich wird, daß ich mich aus den dunklen Kellern an ihm herausziehen könnte. Du mußtest mich nur im Arm halten und mein Anklammern ertragen können, wenn es mich überschwemmt. Zwischen uns besteht immer die Gefahr der Ansteckung. Manche deiner Keller gleichen den meinen. Noch heute stelle ich es mir schlimm vor, wenn wir zusammen geweint hätten. Aber darin erkenne ich auch wieder, wie weit wir von den wirklichen Gefühlen entfernt waren. Warum sollten wir *nicht* zusammen weinen? Warum sollte ich nicht sehen, daß es große Seen von Traurigkeit in dir gibt? Du willst mich schützen davor, verbirgst deinen Kummer, du stiller Held. Aber du entziehst mir zu viel damit. Ich könnte es ertragen, wenn du weinst. Ganz tief innen weiß ich ja doch, wie traurig du bist.

Wenn die Erregung über einen frühen Konflikt oder das Nagen eines inneren Bruches mich wachhält, möchte ich spüren, wie ich in deinen Armen Sicherheit finde. Also umschling mich, bitte, auch tief in der Nacht. Besuch mich nicht nur, um mir den Nachttopf hinzuhalten und nach verrichteter Blasenentleerung wieder zu verschwinden. Ich habe nicht einmal spüren können, daß dein Kommen und rasches Verschwinden schmerzlich war. Nie hätte ich gewagt, dich ums Bleiben zu bitten. Allein die Bettkante wäre zu hart gewesen, als daß du dich hättest setzen können. Du tauchst auf, weckst mich, um die nächtliche Überschwemmung zu mildern, und verschwindest. Bleib, laß dich zum Bleiben verleiten, wart ab, bis ich unter Tränen mühsam Vater sage; laß dich nicht schrecken von der Sehnsucht in meiner Stimme; ruf nicht nach der Mutter, weil du fürchtest, ich sei krank. Ach, schüttle ein einziges Mal deine unbeholfene Unnahbarkeit ab, damit ich dir, bevor du ohne Stöcke und im Nachtgewand hinauswankst, zuflüstern kann, wie sehr ich dich brauche. Ich könnte dir ein Kissen holen, damit du sitzen kannst. Halt mir nur ein wenig die Hand. Versuch doch zu verstehen, daß ich deinetwegen weine, und warte, bis ich wieder reden kann. Ertrag das Befremdliche an mir, bis du es verstanden hast. Komm nicht nur geschäftlich. Auch in der Nacht bin ich ein Mensch und habe starke Gefühle. Im Traum baue ich dir einen weichen Sessel an meinem Bett, mit einer Lampe, die in meiner Reichweite ist. Ich lege eine Decke bereit, damit dich nicht friert in der ungeheizten Wohnung. Vielleicht mußt du nur fünf Minuten meine Hand halten, bis ich wieder eingeschlafen bin. Ich werde sie auch im Schlaf festhalten bis zum Erwachen. Oder laß uns eine Weile leise murmelnd reden, damit die andern nicht wach werden. Ich habe dir nie einen Traum erzählt, also laß dir einen erzählen und sag etwas Beruhigendes darüber, daß die Krokodile in Wirklichkeit weit weg wohnen oder eingesperrt sind oder nachts nicht aus den Bilderbüchern herauskriechen können; und daß auch die Hexe jetzt schläft und nicht durch den Kamin hereinkann, wenn du im

Haus bist. Laß dich einmal durch meinen inneren Gespensterzoo führen. Wenn ich an deiner Hand vorbeigehe an den Gehegen, sind sie alle zahm und fressen Gras.

Wenn ich allmählich meine verschütteten Gefühle für dich wieder aufsteigen lasse, spüre ich, daß ich auch nach dir auf eine zäh-stille Weise süchtig bin. Es sind nicht nur die Ausnahmemomente, in denen ich dich brauche, es ist die Sicherheit, mir ab und zu und auch mitten am Tag einen Armvoll Vater zu nehmen, grade so zur Stärkung, oder für einen Augenblick der Anlehnung, zur Beruhigung. Touch-and-go, weißt du, und manchmal touch-and-stay, mit dem Gefühl, du duldest, daß ich haften bleibe an deinem Körper, bis sich die Lücke innen vorübergehend wieder geschlossen hat. Sie wird sich wieder auftun, gewiß, aber sie beunruhigt mich nicht, wenn ich auf die Wiederholbarkeit der Berührung vertrauen kann und weiß: sie wird sich im Lauf der Jahre schließen. Es ist, als wäre ein Stück von meiner Struktur oder Kraft und Ruhe noch in deinem Körper aufgehoben, und als gäbe es keinen anderen Weg, um da heran zu kommen, als eben immer wieder: es durch die Poren, die Haut, die Muskeln eindringen zu lassen, manchmal mit starkem Druck, manchmal durch Anschmiegen, manchmal auch nur durch die Augen, die an dir herumwandern und sich schließlich in den deinen verfangen. Sie kämen mir nicht vor wie Seen, sondern wie Bergwerke, in die ich hinabsteige, um Gestein aus der Tiefe zu holen, Baumaterial für mein noch schwaches Gerüst. Manchmal genügte es sogar, die Geräusche deines Werkens zu hören. Du weißt gar nicht, ein wie leidenschaftlicher Zuschauer deiner Arbeit ich wäre, wenn ich sie verstünde oder erahnte. Mein Bedürfnis, von dir fasziniert zu sein, ist fast unersättlich. Höre nicht auf die Stimme der Behinderung, du hast noch genügend Reserven, mich vor Bewunderung trunken zu machen. Wir müssen uns nur verstehen, ich muß wissen, daß du mir gehörst und ich dir. Paß täglich mit mir auf, daß dieses Band nicht zu dünn wird. Ich muß dich mit allen Körperteilen berühren, damit sie mir wirklich und kostbar werden. Wenn du mich hochhebst oder auf dem Arm herumträgst, faßt du sie alle neu zusammen, weißt du, sie sind oft noch sehr lose an mir und brauchen immer wieder deine vorsichtig zurechtsetzenden Hände.

Antworte mir, wenn ich dir entgegenfühle. Laß mich nicht ohne ein Zeichen herumirren, bis ich verzagt zusammenfalle. Es genügt mir nicht, wenn du stumm meine Zuneigung akzeptierst. Ich habe längst die Zuversicht verloren, deine Stummheit bedeute ein inneres Mitgehen. Ich brauche deine Antwort, Zeichen, wie Zugvögel die Wasserplätze bei der notwendigen Zwischenlandung. Du mußt doch ahnen, wann mich die Dunkelheit und das Dickicht im Reich der ungelebten Gefühle verzweifeln lassen. Dein endloses Schweigen ist für mich kein freundlicher Raum, selbst wenn *du* hinter der Stummheit freundlich fühlst. Daß du darauf wartest, daß ich dich finde, weißt nur du. Für mich bist du grausam, wenn du dich auf freundliches Warten zurückziehst. Ahnst du denn nicht, daß ich noch in Reichweite deiner Füße verdursten könnte, wenn du mich nicht rufst durch die Dunkelheit: ich bin hier, geh ein paar Schritte weiter. Auch wenn ich weiß, daß die Tür offensteht, komme ich nicht ohne deine

Hilfe über die Schwelle. Da ich dich brauche, muß ich mich quälen lassen ohne Ausweg, wenn du mich nicht verstehst oder mein Unvermögen zum nächsten Schritt nicht ernstnimmst. Lösch nicht die Lichter aus, wenn ich auf nächtlichem Flugfeld landen will. Du scheinst nicht zu wissen, daß ich *ohne* die Instrumente der Zuversicht den Flug begonnen habe. Du wirst so schnell zu Stein, wenn du nicht antwortest. Tut dir denn nicht weh, mich so vergeblich suchen zu sehen? Hast du Angst vor meinem Sturz an deine Brust? Woher soll ich den Glauben an dein Mitfühlen nehmen? Ich will nicht mehr glauben durch die Mauer des Schweigens hindurch. Gottes Betrug hat meine Kräfte erschöpft. Verlang nicht, daß ich an deine Zuneigung glaube, wenn du steinern schweigst. Ich zerschelle vor dir am Boden. Ich fühle, daß ich selbst Menschen vor mir habe zerschellen lassen, weil ich ihnen keine Zeichen gab.

Vater, von dir und auf deinem Schoß will ich lernen, die Bilder Tinas und der Mutter wieder in eines zu bringen. Du erklärst mir, worin sie sich gleichen, und worin ihre Unterschiede liegen. Und du sollst mir helfen, das harte, erziehende Gesicht der Mutter zu mildern und ihren Körper weicher zu machen. Und du erklärst mir, daß mein Bild von Tina eine Fata Morgana ist, die am frühen Himmel stehengeblieben ist. Du hilfst mir, ein einziges Bild zusammenzusetzen aus Fata Morgana und Gesetzgeberin. Mit keiner von beiden kann ich wirklich leben. Du mußt mir helfen, sie innerlich zu vereinen, Polyphem, aus dessen einzigem Auge ich Gelassenheit und Stärke haben will.

Komm, innerer Vater, hilf mir die Verzagtheit mildern, die mich manchmal überkommt. Wenn ich meine Stirn auf deine Schultern lege, ist es, als ob ich eine schwer gewordene Last vorübergehend ablege, um neue Kräfte zu sammeln. Auch du hast, wie Mutter und Tante, eine Grube zwischen Hals und Schulter, und doch ist es nicht ein Platz der Wonne, den ich dort suche, oder ein Ort des reinen Trostes. Ich ruhe dort und fühle mich von deiner männlichen Solidarität getragen, obwohl ich schwächer sein darf als du, und du also noch ein wenig einsam bist mit mir. Du bist mir sehr nahe, und du überragst mich doch weit. Ich lebe in deinem Reich und kann Rat holen, bevor ich ausziehe in mein eigenes Land. Halte du mir die Grenzen offen, damit ich immer wieder Zuflucht suchen kann.

Ihr drei schicksalhaften Personen. Zwischen euch und mir ist die Erde brüchig. Mit jedem von euch verbindet mich eine tiefe Beziehung und eine ebenso tiefe Katastrophe. Aus euren Gesichtern trinke ich Geborgenheit und Verlassensein, Zuversicht und Zweifel, Glück und Elend. Ich hasse euch und ich liebe euch. Ihr habt mich auf die Gratwanderung meines Lebens geschickt, mich an den Rand des Abgrunds getrieben, immer wieder, und davor zurückgehalten, immer wieder, grausame Schutzengel. Erprobt ihr mit mir, wieviel ich ertrage? Oder helft ihr mir, anderen sehr weit verstehend zu folgen in ähnliches Dunkel? Helft mir, daß die Erde mich irgendwann sicher trägt. Ich will dafür versuchen, euch und euer Leiden nicht mehr beiseite zu drängen. Es wird mich begleiten und prüfen bis an mein Ende.

Tilmann Mosers Werke im Suhrkamp Verlag

Gespräche mit Eingeschlossenen

Gruppenprotokolle aus einer Jugendstrafanstalt.
Mit einem Kommentar von Eberhard Künzel. es 375
»Dies ist das aufregendste und zugleich bedrückendste
pädagogische Buch, das ich in den letzten zehn Jahren
gelesen habe.« Hermann Giesecke, *betrifft – erziehung*

Repressive Kriminalpsychiatrie

Vom Elend einer Wissenschaft. Eine Streitschrift. es 419
»Mosers böses Buch sollte Psychiater nachdenklich,
Richter hellhörig machen und vor allem die Länder heftig
stoßen, mit dem Bau psychotherapeutischer Anstalten zu
beginnen . . .
. . . scheint mir diese Schrift für die Rechtspolitik eine der
wichtigsten der letzten Jahre . . .«
Hanno Kühnert, *Frankfurter Allgemeine Zeitung*

Verstehen, Urteilen, Verurteilen

Psychoanalytische Gruppendynamik mit Jurastudenten.
es 880
»Moser beschreibt den Gruppenprozeß in selbstreflexi-
ver Offenheit, die ähnlich wie in seinen früheren Büchern
die eigene Betroffenheit mit einbezieht. Sein Buch ist ein
seltenes Beispiel dafür, wie Menschlichkeit und Wissenschaft verbunden werden können.«
Alfrun von Vietinghoff-Scheel, *Psychosozial*

Jugendkriminalität und Gesellschaftsstruktur

»Mosers Buch dürfte das erste in deutscher Sprache sein, das die Ergebnisse der Soziologie, Psychologie und Psychoanalyse zum Thema so gut zusammenfassend und verbindend darstellt . . .«   *Das Argument*

Lehrjahre auf der Couch

Bruchstücke meiner Psychoanalyse
»Fest steht, dieses Buch wird Furore machen, es wird ungeteilte Bewunderung und heftige Ablehnung erfahren.«   Dieter Baier, *Welt am Sonntag*

Gottesvergiftung

»Nicht der ›Fall‹ und die Lehre allein machen dieses Buch überaus lesenswert. Es ist ein Vergnügen, Mosers Prosa zu lesen, die Figuren und Bilder an sich vorüberziehen zu sehen, in denen der Autor abseits von jeglichem Fachjargon komplizierte psychische Prozesse sichtbar macht. Bücher wie dieses Stück analytischer Autobiographie vermögen dem Laien wahrscheinlich unendlich besser und anschaulicher klarzumachen, was psychische Störungen sind und worin ihre Heilung bestehen kann, als ganze Bibliotheken populärwissenschaftlich aufbereiteter Psychologie.«

Lothar Baier, *Frankfurter Allgemeine Zeitung*